# 一八〇秒の熱量

山本草介



双葉文庫

AOKI

撮影＝堀内拓（2013年４月22日）

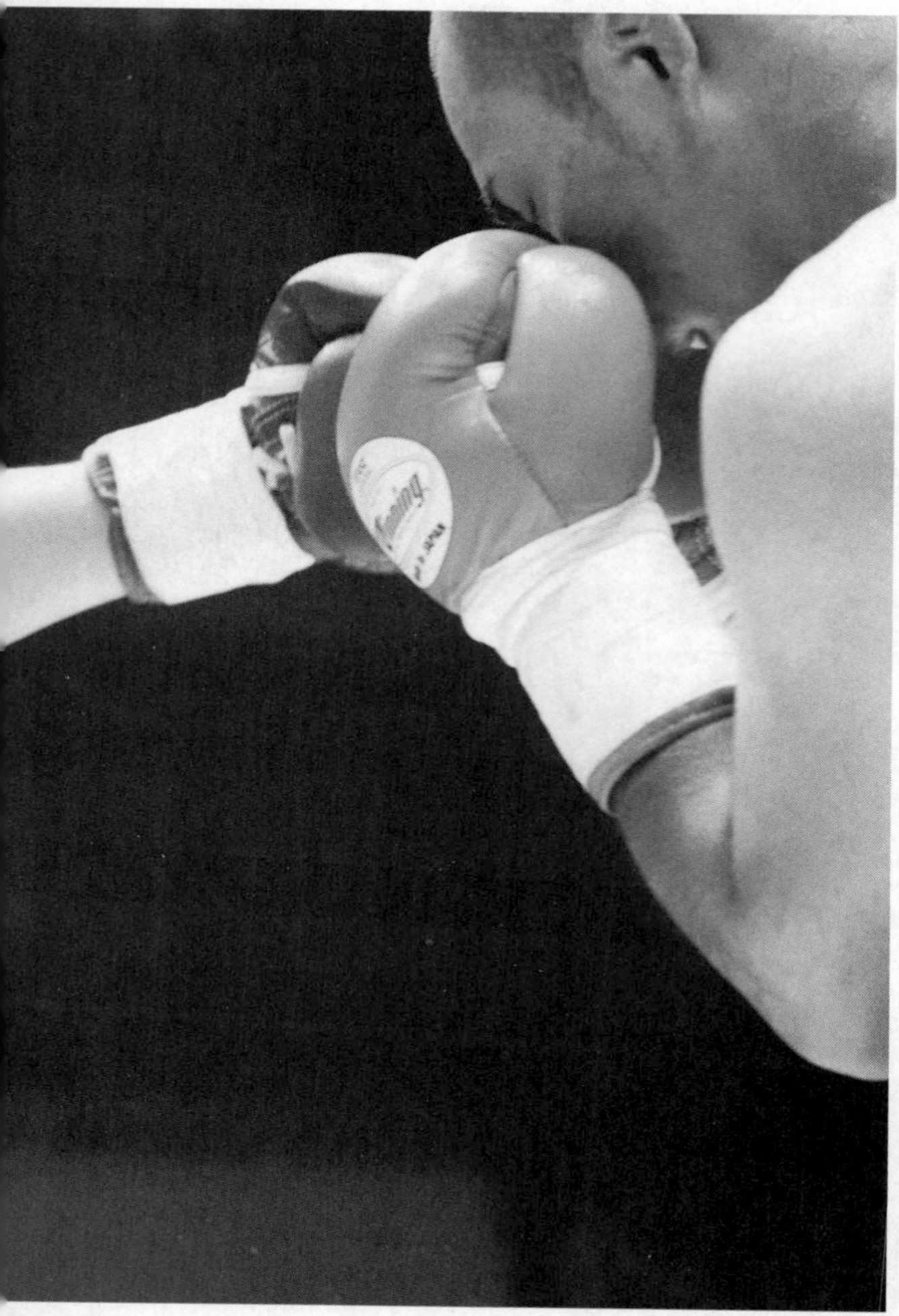

撮影＝小田振一郎（2012年12月３日）

# 一八〇秒の熱量

# プロローグ

この長い文章を書きはじめたのは、もう八年以上も前だ。二〇一三年に僕は、年齢制限による引退を避けるためにチャンピオンを目指す米澤重隆《よねざわしげたか》というプロボクサーのテレビドキュメンタリーを完成させた。それから随分経っていたのだが、ある人から「番組では放送されなかった物語がたくさんあるんじゃないか？」と言われたからだ。確かにあった。公共の電波に乗せられない類《たぐ》いのもの、放送の長さに収まらないので泣く泣く切ったもの。番組スタッフに面白くないと言われたけど、僕は面白いと思ったもの。

執筆を勧めた人からは、書いたら番組とのコラボレーションとして有名雑誌に載るかもしれないと言われ、勢い込んで筆をとってみたものの、思いのほか、時間がかかった。そのうち、その番組自体の終了が決まり、番組と連動させようと思っていたその人の思惑ははずれ、書きかけの原稿の役割は失われ、かたちになることはないということがわかってきた。

しかし、僕はやめることができなかった。本業である映像制作の仕事をほったらかして書き続けた。数ヶ月、喫茶店や図書館で書いた。家だと嫁さんから何の仕事をしているのか？ と聞かれるのを恐れたのだ。やがて書き終わった時には貯金は尽き、生後三ヶ月の娘を抱えた嫁さんが、家のガスが止まったのを知って、僕と結婚しなければよかったと思ったらしい。

当然、書いた原稿は世に出ることはなく、まったくの徒労に終わったのだが、それでも、不思議と僕には後悔の気持ちが湧かなかった。

それから随分時間が経ち、縁あって二〇一九年に本書の出版企画が立ち上がり、米澤の所属する青木ボクシングジムの有吉将之《ありよしまさゆき》会長にゲラを読んでもらった。すると、読みながら（実際、三時間かけて僕の目の前で読んでくれたのだが）ずっと「おかしいな」と繰り返していた。何度も首を傾げ「なんであんなことをやったんだろう？」「変になってるとしか言いようがない」「この本を読んで、米澤みたいにやりたいって言う奴が来ても、絶対に断る」「全然、いい話だと思えない。いまだに俺の中で整理がつかない」と感想を語った。

有吉会長は最後に付け加えた。

「けど、俺やトレーナーや米澤だけじゃないよ。山本さんも絶対おかしくなってるから」

そう言われて、すぐに理解はできなかったが、今回の出版にあたって、再びこの原稿に取り組み、またしても本業を放り投げて喫茶店や図書館通いを始めてしまった。米澤と青木ジムの物語に没入してしまった。

その熱は、時間が経っても冷めるようなものではなかった。いや、時間が経ったからこそ、あのボクサーと過ごした九ヶ月の日々が、狂気のような人生の熱量がより強く自分の支えになっていることに気付いた。

本書を手に取った方にとっても、彼らの情熱が何かの後押しになってくれたら、一人の《おかしくなった》人間として、これほどうれしいことはない。

二〇二〇年冬の終わりに　　山本草介

# 1

　そのミドル級のボクサーは数年来やめていたアルコールを口にした。長い間打たれ続けたせいか、その日、ひどく酔った。自分が出ているドキュメンタリー番組が中華料理屋のテレビから流れれば店員を引き止め、「これ自分なんですよ」と、自慢していた。

　もう挑戦は終わったのだから、何をしてもよかった。思い出の物語として生きていけばよかった。けれど、九ヶ月間、傍《かたわ》らでこの男の起こしてきた奇跡に夢を見てきた者としては、ウイスキーハイボールをがぶ飲みし、テレビに出たことではしゃいでいる姿は無惨に思えた。何だか虚しくて、こちらも一緒に何杯も飲み干し、イライラとボクシングに未練はないのかと尋ねた。すると、急に真顔になって答えた。

「まったくないんです、不思議なことに。なんで自分があんなことができたのか……今ではよくわからなくて。たった二ヶ月前のことなのに、遠い昔……ずっと昔のことみたいな気もするし……テレビを見てても、ほんとに自分なのか、わからなくなる時があるんですよ」

　悪びれもせずに語り続ける言葉を聞きながら、ふと、この男はやっと普通の人生に戻れたのかもしれない、ずっと普通の人生を歩みたくて、闘い続けたのかもしれないという思いがよぎった。

## 2

二〇一三年一月、東京・高田馬場。

寒空にもかかわらず週末の夜を迎えていたその街は、学生たちで溢れていた。合コンの後なのか、サークルの飲み会の後なのか、酔っ払って騒ぐ若者たちで道はごった返し、歩くのも大変だった。道端で酔い潰れている女の子。介抱する学生。別れを惜しんで集団で大声を上げている男女。僕自身も十数年前、この街で学生時代を過ごしていたせいか、彼らの眩しさが懐かしくも、もう戻れない遠い記憶に出会ってしまったような複雑な思いで道を急いだ。そして学生たちのメインストリートである早稲田通りから一本路地を入ったところに、目指す場所はあった。

築五〇年はいっているであろう古びたコンクリートビルの一階に、剝げかかったペンキの文字で「青木ボクシングジム」と書かれている。窓ガラスが曇り、中は見えない。きっと学生時代、僕はこの道を何度も通ったことがある。けれど、あのサークルのような華やぎに生きていた僕の視界に、このジムは入らなかった。ここは明らかに周囲とは異質な佇《たたず》まいで、浮ついた週末の空気を拒否している。どんな世界が待っているのか。少々ビビりながらガラス戸を押し開けた瞬間、目の前が真っ白になる。眼鏡が曇り、前が見えない。むっとする汗の臭いが鼻を刺す。あわててレンズを拭うと、ようやく中が見えてきた。縦長の空間は二〇坪位だろうか。手前の鏡が張られたスペースには、一〇人以上のボクサーたちがひしめいている。もっと閑散とした光景を予想していたので、まずその人数に驚いた。

奥には、幅一杯にリングが据え付けてあり、ヘッドギアを被ったボクサーが殴り合っている。周りを囲む男たちの大声がけたたましい。ビデオカメラを抱え、ジーパンで訪れた僕は、明らかに浮いているはずだが、皆スパーリングに夢中で、誰も声をかけてくれない。隅の方で所在なく立っていると、ようやくスパーリングが終わり、ジムの会長、有吉将之が声をかけてくれた。

「米澤、いま着替えてますよ」

この日は、はじめての取材だった。二〇一三年四月からNHKでドキュメンタリーの新番組が始まるにあたって、この青木ジムに所属する米澤重隆が、取材対象となったのだ。僕自身は、それまでほとんどボクシングに興味を持たず、全然違う企画を番組サイドに提出していたのだが、いち早く決まった米澤重隆を担当しないかと言われ、いわば請け負い仕事として、プロボクサーを撮影することになった。といっても、潤沢な予算があるわけではなく、フリーのディレクターである僕自身が小さなカメラを抱え、一人で取材するというスタイルだ。

米澤が更衣室から出てきた。身長は一八〇センチ。日本では珍しいミドル級という重量階級で戦うプロボクサーである。目が悪いのか、僕が挨拶をしても、目を細めて怪訝そうにこちらを見返している。前に喫茶店で打ち合わせをしただけなので、今日会うのは二回目だ。

「今日から撮影に入らせていただきます。改めまして、ディレクターの山本草介《やまもとそうすけ》です。よろしくお願いします」

「ほんとに来たんですか？」

「え？　はい」

「僕なんかでいいんですかね？」

思わず返答に詰まる。もちろん、と即答したかったのだが、正直、僕は米澤がドキュメンタリーの取材対象として面白いものになるのか、まったく自信がなかった。曖昧な笑顔で「大丈夫ですよ」と答えるのが精一杯だった。

新番組を制作するにあたって、プロデューサーから説明を受けたのは、番組の趣旨は著名人でも、その道の一流でもなく、どこにでもいる普通の若者が何かを目指し頑張る姿を追いかけるというものだった。

パイロット版として制作されたのは、一度も勝利したことのない大学相撲部やプロを目指す漫画家の卵、果物の訪問販売で人生をやり直そうとする若者といったラインナップだった。ちょっと目を凝らせば、社会の片隅で必死に自らの道を切り開こうとしている人がいる。成功するかどうかは問題ではない。番組が目指すのは、どれだけその人の頑張りに迫れるか。それだけだった。

この米澤重隆というプロボクサーの取材が決まったのは、彼の置かれた状況からだった。米澤はこの時、三六歳三ヶ月。日本のプロボクサーには三七歳で引退という年齢制限があるため、彼がリングに立てるのはあと九ヶ月しかない。ボクシングが殴り合いのスポーツである以上、長い間、パンチを受け続ければ、脳障害の危険性も高まる。日本ボクシングコミッションが選手を守るため、三七歳という線引きをしたのだ（※著者注・二〇二三年六月に年齢制限撤廃が決まったが、当時はなかった）。

米澤が始めた挑戦は、その九ヶ月以内に日本チャンピオンになるということだった。なぜなら、日本のプロボクシングのルールでは、チャンピオンには年齢制限がないからだ。つまり、三七歳以降プロとしてボクシングを続けたければ、チャンピオンになるしかないのだ。しかし彼は、取材を始めた時点で五勝六敗二分けという負け越し成績の、極めて平凡なB級ボクサーに過ぎなかった。

テレビドキュメンタリーは、非情な眼差しを持つ。彼が日本チャンピオンを目指すという無謀な挑戦をしているから、それを応援しようということで企画が通ったとしても、取材を始めるにあたってどれだけの人間が彼の夢が叶うと思っていただろうか。かくいう僕も、正直難しいのだろうなと想像していた。むしろ、このドキュメンタリーは米澤の挑戦がどのように終わるのかにかかっていると思っていた。

だから本人から「僕なんかでいいんですかね？」と聞かれた時、返答に窮したのだ。

ただ、彼は僕が無理矢理な笑顔で「大丈夫ですよ」と答えた時、「ほんとっすか？」

と心底うれしそうだった。練習にテレビカメラが入ることが迷惑でないかと尋ねれば、「全然。むしろうれしいっす」と笑顔で答えた。僕はカメラを回す自分の残酷さを一瞬後ろめたく思った。

米澤の練習は、周囲のボクサーとはまったく違うウォーミングアップで始まった。一人だけリズミカルにジャンプを繰り返し、足を交互に左右に出し、両腕を上下させている。

「これっすか？ イラン式体操っていうんですけど、アマレス時代からずっとやってるんで……まあ、慣れてるというか……」

実は、米澤がボクシングを始めたのは、三〇歳を過ぎてからだった。中学から大学、そして就職もせずに続けていたのは、アマチュアレスリングで、つぶれて餃子のようになった両耳が彼のキャリアの証明である。長年のやり方は、ボクシングに転向しても変えられなかった。

米澤の一風変わったウォーミングアップを撮影しながら、青木ボクシングジムの空間にもカメラを向けてみる。ジムには主に三人の指導者がいる。ひとりはジム会長の有吉将之で、まだ四〇代前半の若い経営者だ。こちらが挨拶をすれば、人のよさそうな笑みを浮かべ、ジムの代表として大人の応対をしてくれる。

しかし、スパーリングが始まれば、その表情は一転、射るような鋭い目線に変わり、やはりプロボクシングの世界で生き抜いてきた百戦錬磨の顔を見せる。トレーナーとしても優秀で、WBC女子世界アトム級チャンピオンで十回以上も王座を守り続ける小関《こせき》桃《もも》や、元東洋太平洋フライ級チャンピオンの大久保雅史《おおくぼまさふみ》を育て上げている。大久保は引退後トレーナーとして青木ジムで雇われているが、まだ育てた選手がプロで一勝もしたことがなく、目下トレーナー修行中である（著者注※小関桃は一七回目の王座防衛に成功し、二〇一六年一月に引退した）。

そして、米澤担当のトレーナーが小林昭善《こばやしあきよし》だ。この時、米澤より二つ年上の三八歳。誰彼ともなく選手に声をかけ、笑いをジムにもたらすムードメーカーで、三〇過ぎになって青木ジムの門を叩いた米澤にプロにならないかと声をかけた張本人でもある。

小林曰《いわ》く、「米澤には、試合勘と根性がある」。

長年アマレスで鍛え上げた勝負の〝駆け引き〟はプロボクシングの世界でも大事なことで「見込みがある」と思い誘ったそうだ。

小林は三重県出身。二一歳の時、単身で世界チャンピオンになるべく東京へ出てきて、《後楽園ホールに近い》という理由で飯田橋のビルの屋上に置かれていたプレハブ小屋を住処と決めた。そうして水道水を風呂がわりにして建設現場で働きながら、WBCアジアスーパーフライ級八位までキャリアを築き上げた。チャンピオンが毎日一〇キロ走っていると聞けば、ただ真似をして走り続けた。

ちょっと昔のボクサーであればそんな逸話の一つや二つは当たり前にあったのだろう

有吉会長（左）と小林トレーナー（撮影＝小田振一郎）

が、なかなか現代の若者にその世界は理解されない。練習生たちがアパートは風呂なしじゃ嫌だとか、ちょっと手を上げたり、罵声を浴びせればすぐにやめてしまうという風潮を小林はぼやく。「時代遅れなんですかね」と。毎日の缶ビールがつい増えてしまうのだという。

そんな小林が唯一、本音で指導できるのが、たった二つ年下の米澤重隆である。

撮影初日は一月の末。二月八日にタイ・バンコクで次戦が決まっていた米澤は試合まで二週間を切り、体を最も追い込む時期に差し掛かっていた。軽いシャドーボクシングをしてから、六ラウンドのスパーリング。相手は国際ジムの海老根《えびね》範充《のりみつ》選手。この三年、試合をしていない選手だった。

米澤の属するミドル級という重量階級は、そもそも身体の小さな日本人が少ない階級で、スパーリングパートナーを探すのが大きな課題だった。海老根選手はミドルよりも一つ軽いウェルター級だが、米澤はだいたい、この選手とスパーリングをするしかないらしい。毎回同じ相手だと緊張感は薄れるし、ましてや三年も実戦から遠のいている選手と練習し続けても、それ以上のレベルに持っていくことはできないのではないか？そんな疑問はありつつ、スパーリングを見た。

米澤のスタイルは独特だ。相手のパンチを両腕のガードで固めて受け続けながら、じりじりと前へ出る。ロープ際まで追いつめたら、ボディの連打。近過ぎて相手がパンチを繰り出すことのできない距離を保つ。相手と離れてストレートを打つことも、相手のパンチに合わせてカウンターを狙うこともない。ただただ極端な接近戦を仕掛け続ける。時折、相手と離れた瞬間に小林の怒号が入る。

「余計なこと考えんなよ！」

軽いステップを踏んでリングを動き回る海老根選手を、ひたすらじりじりと追いかけ回す米澤。闘牛士と牛の一戦を見ているようだった。米澤にはどうやらスピードはなさそうだ。ならばパンチはどうなんだろうか。

「パンチはないっすね。正直」と小林はあっさり言う。

「では、テクニック勝負という感じなんですか」

「いや、技術的には、今さら教えられることは限られてますから、彼の長所を伸ばすしかない。そこでどれだけ勝ちへ持ち込めるかってところですか。前に出る力って言えばいいんですかね」

小林の考える米澤の長所とは、前へ出る力、押し合いに強いという点らしく、素人的にはそれがどうしてボクシングに役立つのか理解しづらいところではあったが、これで試合に臨むしかないのだと話していた。

六ラウンドのスパーリングを終えた米澤は汗を拭く間もなく、すぐさま小林トレーナーとミット打ちを始める。ここでもリズムよい連打はなく、一発一発確かめるように打ちこんでいく。

「（体重を）乗せろって！」

「横にずれるなって言ってんだろ？　自信ないのか？」

時々小林の大きな声がジムに響き渡る。どうやら力あるパンチがなかなか打てないようだ。周囲で練習しているのは一〇代、二〇代前半の、米澤よりもひと回り以上も若い選手ばかりだ。その中で、一人だけ大きな声で叱られているのが、最年長の米澤という現実が少し切ない。

ジムの真ん中にはゴングが鳴る時計が置いてあり、ボクサーたちの練習はすべてこの音に支配されている。ゴングとともに一斉に動き始め、またゴングが鳴ると全員が止まる。一ラウンドの三分は動き続け、インターバルの一分は休む形式になっているのだ。練習の間、米澤は笑わない。トレーナーに冗談を言われ、愛想笑いで表情が緩むことがあってもはしゃぐことがない。

ミット打ちも六ラウンドはやっただろうか。それからサンドバッグを打ち始める。すべてが決められた順序で、黙々とこなしていく。

有吉会長は言う。

「真面目にやってるから、応援しなきゃって思いますよね。体重管理もできてるし、さぼるってことがまずないですから」

その言葉通り、ジムの出席簿を見ると、米澤が休んでいるのは日曜日だけ。正月もジムが開いた五日から練習を開始している。それでも三〇を過ぎてボクシングを始めて、五勝六敗二分けという平凡な戦績である。僕自身同い年のせいか、応援したい気持ちもあったが、悲哀を感じてもいた。

3

夜一〇時半、ようやく練習が終わった。トレーニングの合間、話を聞いても、「……はい」「いや、そうでもないです……」くらいの言葉しか返ってこず、人となりがまったくわからなかったため、せめて帰り道に一言二言でもインタビューがしたい、そう願い出ると、「歩いて帰るんで、その時に」と返事が来た。米澤は寡黙なボクサー。それが第一印象だった。

ところが、ジムを出ると突然、饒舌《じょうぜつ》になった。人懐っこいというのか、サービス精神が旺盛というのか、こちらの質問に対し丁寧過ぎるほどの情報を伝えてくれる。

例えば、「なぜ歩いて帰るのか？」と聞けば、

「歩くのが一番減量にいいんです。単純ですけど、これが一番よくて。いろいろ考え事もできるし、電車賃もかからないし、体もクールダウンできるし。よくダイエットしてるおばちゃんから、よねちゃん、減量はどうやってやってるの？　とか聞かれるんですけど、歩くのが一番いいって言います。でも誰も信じてくれないんですよね。僕が実際やってることなのに、信じてくれないんですよね。変に走ると疲れて続かないし、よっぽど歩く方がいいかなあって思います。あくまでも僕の考えですけど、みんないろいろ

な意見があるからあれですけど……」

映像のインタビューで大事なのは空気だ。自分がどうして歩くのか、その理由を言葉の《情報》として聞きたいのではなく、話しているうちに噴出してしまう、どうしても毎日歩かねばならないという彼の《息づかい》を撮らねばならない。それは言葉にならなくて言い淀んだり、話し終わった後の余韻だとか、意識しない所に現れる空気のようなものである。「減量のために歩く」という《情報》はナレーションで十分伝えられるからだ。

ところが米澤は徹底的に喋る。こちらが一聞けば十答える。あまりに語り続けるので、黙って歩く表情を狙おうにもまったく撮れない。ジムの米澤とどっちの米澤がほんとなのかわからないが、帰り道でもカメラを回しているから、「テレビに映るために」米澤が何かの演技をしているわけでもないだろう。そして米澤のブログには「好きな場所はジム」と書いてあるから、有吉会長やトレーナーの前で本来の自分を出せないのでもないだろう。この男には二つの人格があるのでは？　と疑ってしまうほど、ギャップがあった。

米澤の取材が決まる前、企画の下調べをするために自宅を訪ねたスタッフの話を思い出す。本棚には、「成功するための十の方法」的なたくさんのマニュアル本やメンタルトレーニング関連の書籍が並んでいたという。そのスタッフによると、「彼にはどこか自分の言葉で話している印象がない。誰かの受け売りや実体験のない理屈ばかりを話している気がする。だから彼を追いかけても、ドキュメンタリーとしては難しいのではないか」。

そんな報告があったのにもかかわらず、どういうわけか米澤の企画が通り、しかも担当するのは、最初に接触したディレクターではなく、僕になってしまったという経緯なのだ……。

まあ、とりあえずマニュアル本から借りてきた言葉を並べられても面白くはない。インタビューという形式で、この人物を描くのはなかなか困難だと思っていた時、米澤がぼそっと呟《つぶや》いた。

「殴らないで勝つ方法、ありますかね？」

はじめは何を言っているのか、わからなかった。聞き直すと、「殴らないで勝てればいいなあって時々思います」。

その日は取材初日で、ディレクターとしては、米澤にこれからどんな物語が始まるのか、そもそも物語になるのか、期待と不安でぐるぐるになっている中、そんな質問を受け、混乱した。相手の真意を摑みかねていると、「冗談ですよ、冗談です。流してください」と米澤は笑う。こちらはキャラクターがわからないから、笑えない。

「殴るの好きじゃないんですか？」

「好きか嫌いかって言われたら、好きではないです。でも、そんなこと言ってたら駄目ですから、やりますけど」また、笑った。

これが、はじめて聞こえた《息づかい》のような気がした。殴るのが嫌いな男が、どうしてボクシングをやっているのか。ドキュメンタリーとして、この切り口はあり得るかもしれない。雇われディレクターの僕は藁《わら》にもすがる思いで、そこを聞いてみたいと、すごいスピードで歩く米澤に必死についていく。

米澤がこれからチャンピオンになるためには、まず一度、同じB級のボクサーに勝ってA級に昇格し、さらには日本ランカーにも勝って、日本ランキング一五位以内に入り、そこではじめてタイトルマッチ挑戦権を得て、最後にチャンピオンを倒さねばならない。しかもそれは、三七歳になるまでの九ヶ月の間にだ。

つまり、当たり前のことだが、勝てば勝つほど相手が強くなっていく中、九ヶ月で最低三回は勝ち抜かねばならない。三ヶ月に一度試合するというのは、若いボクサーでもギリギリの過密スケジュールであり、ましてや、米澤は三六歳というボクサーとしては下り坂の年齢である。考えれば考えるほど、無謀過ぎる戦いに思えた。せめて気持ちだけは誰にも負けない、そんなボクサーなのかと思いきや、実は殴るのが嫌いだという。米澤の本心がまったく見えない。挑戦はただのビッグマウスなのではないか。僕は思わず少し嫌な質問を投げる。

「殴るのが嫌で、チャンピオンになれるんですか？」

直球過ぎる言葉だったのかもしれない。米澤は少しむっとした口調で答える。

「僕がボクシングに向いているかどうか、それは何とも言いようがないですよ。でも、他人は何て言うかわかりませんが、誰の人生でもない、自分の人生なんで、後悔しないようにっていうか、それが重要、いや大事なんじゃないかなと思ってます。年齢のこと言われたら、はい、そうですね、としか言いようがないし……」

それまでの饒舌が止み、黙りこくった。表情に苛立ちが漂う。こちらも継ぐ言葉が見つからない。二人の間に不穏な空気が漂い始めた。とりあえずカメラを止めた。今日は撮影初日だ。こちらが米澤のことを知らない以上に、米澤は僕のことを知らない。僕は、米澤と同じ三六歳だということ。僕自身、身体の衰えや自分の実力がどこまでなのか、何となく見えてしまう年齢に差し掛かっていること。だからこそ、今からチャンピオンを目指すという厳し過ぎる挑戦をどうしてしようと思ったのか、米澤の気持ちが知りたかったのだと喋り続けた。ここで関係がこじれては、撮影が頓挫する。フリーのディレクターとしてこの仕事を任された以上、失敗は許されない。僕も思いのほか、力が入っていたのかもしれない。

じっと黙って聞いていた米澤が、ぽつりと口を開いた。

「いつ死ぬかわからないですから。やりたいことをやらないといけないんじゃないですか……。こんなことははじめて会う人に話すことじゃないかもしれないですけど……」

何かを絞り出すように語り始めた米澤の話には、奇妙な運命と過剰な思い込みが擦り合わされていた。

事件の発端は高校時代に遡《さかのぼ》る。千葉県八千代《やちよ》市にある八千代松陰《しょういん》高校のレスリング部に所属していた米澤は、高校一年の時に団体戦の千葉県代表として宮崎で開かれたインターハイに出場した。一一五キロの階級（当時）に出られるのは、七四キロあった米澤しかいなかったので、一年生なのにもかかわらず、試合に出ることになったのだ。そしてベストエイトがかかった試合がとても重要だった。なぜなら、大学を推薦で狙っていた三年の先輩たちにとって、全国八位以上になれば、成績に加味されるからだ。

対戦高校は地元宮崎の宮崎第一高校。その試合は七人制の団体戦で三勝三敗の五分のまま、米澤に出番が回ってきた。体重の軽い順に試合をするというのがレスリングのルールで、最重量階級の米澤が最後なのだ。

《ここで倒せば、試合に勝つ》そんな大一番だった。相手は一〇〇キロ超の大巨漢。七四キロの米澤になど簡単に勝てると地元応援団は大盛り上がりだった。ところが米澤は予想を裏切る大奮闘を見せ、バックをとってひっくり返し、見事フォール勝ちを収める。そうして三年生のひとりが信州大学に推薦で入ることができた。

しかし、入学の翌年、一九九四年六月二七日。その先輩はオウム真理教が起こした松本サリン事件の最も若い犠牲者になってしまった。アパートの彼の部屋には、飲みかけの牛乳があった。夜中、牛乳を飲もうとしてサリンを吸い込み、一九歳で突然、人生が断ち切られてしまった。

「一〇月か一一月頃、どうしてか忘れちゃったんですけど、僕が道場で一人ぼんやりしてた時、その先輩が入ってきて『よねのおかげで、大学行けたよ』ってすごく感謝されたんすよ。今でも覚えてますもん、先輩の笑顔。別に自分を責めるとかそういうわけではないですけど、あの時、僕が勝たなかったら、先輩は死ななかったんだなあって、思うことがあります」

さらに五ヶ月後、再びレスリング部に死の影が忍びよる。米澤が青山学院大学にスポーツ推薦の試験を受けに行っている間、二年生の後輩が校舎内で飛び降り自殺をしてしまう。夏の国体で負けた時、遠征先のホテルで同室だった米澤が「二年なんて練習。また来年頑張ればいいんだよ」と励ました後輩だった。当時、レスリング部員はたった一〇人。結びつきは強いはずだった。遺書はなく、自殺の原因は今でもわからない。しかし米澤は自分の言葉を今でも悔いている。

「なぜ、軽々しくそんな言葉をかけたんだろうって思いますよ。どうして気持ちをわかってやれなかったのか……」

僕は突然、こんな話をされて動揺した。この二つの不幸な死は、確かに米澤となにがしかの関係はあるのかもしれない。けれど、もう二〇年近く経っているし、そこまで引きずる必要はないじゃないかと言ってやりたかったが、彼の思い詰めた表情に僕のフォローなど通じそうもなかった。

夜道を二人で歩きながら、何を話せばよいのかわからなかった。

ただ、このミドル級のプロボクサーには、《いつ訪れるかわからない死》が強烈に刷り込まれていて、それゆえにこの挑戦を始めたことは確かなのだと思った。

「じゃあ、また明日」

夜一一時一五分、五キロのウォークを終え、米澤と別れた。気温は零度近いというのに僕は汗だくになっていた。

## 4

昼、一四時半。

米澤の仕事風景を撮影したいと話したら、指定された時間である。出勤風景からお願いしたかったのだが、この時間に来てくれと言われてしまった。待ち合わせた場所は青木ジムの前で、現れた米澤は、練習上がりですでに汗だく。ジムに来る前にも八キロ走っていて、ようやくこれから仕事に行くという。昨日は夜八時に勤務が終わり、ジムにやってきたはずだった。

「もうその日その日で、時間は全然違います。今週はこれから全部夜勤ですもん。来週は全部日勤の予定ですけど、それもたぶん変わります」

この日の出勤時間は一五時。スーツに着替えた米澤に連れて行かれたのは、いわゆるコールセンターで、広いフロアに数えきれないほどの電話とパソコンが並び、その前には同じ数だけイヤホンとマイクをつけたオペレーターが並んでいた。ほぼ全員が大きな声で話しているので、言葉が混線してただ「わあー」という大きな響きとなって耳を覆う。

ここは商品などに記載されている《お客様センター》の集積地なのだ。一つの商品だけでなく、数十種類の商品の説明ないし、苦情などを受け付けているため、膨大なマニュアルファイルが棚を埋めている。我が身を振り返ると、お客様センターでストレスの捌《は》け口のような文句を言ったこともあるが、その対応がこのようなコールセンターでなされていたことに唖然《あぜん》とした。商品を生産する会社が苦情を受け付けるのではなく、こういう場所のアルバイト人員が僕のようなクレーマーに対し最前線の防波堤となって日夜、頭を下げ続けているのだ。

ここで米澤は一三年間働いている。今は契約社員という立場で主に通信設備のメンテナンスをしているが、インターネットのつながりが悪いとなれば、午前一時でも二時でも自宅から呼び出され修理をする。そしてメインの仕事は電話機器の配線変更だ。《お客様センター》は常に流動的で、「今週は電話機二〇台で、ある商品を受け付けよう」「来週からは新商品の発売だから、五〇台をこの電話番号で受け付けよう」などと、コールセンター内で様々な電話機の配線組み替えが行われるのだ。その都度、米澤はオペレーターの少ない深夜に作業を進める。だから、日勤だったり夜勤が続いたり不規則極まりない生活を余儀なくされる。

状況を知れば知るほど米澤の生活はかなりキツいとわかる。ただ働くだけならまだしも、毎日八キロ走り、ジムで激しいトレーニングも重ね、限界近くまで体を追い込んでいるのだ。

　しかし、当の本人はあっけらかんと「しょうがないっすよ」と笑う。笑いながら、コールセンターの殺伐とした雰囲気の中、カメラを構えた僕を様々なオペレーターに紹介してくれる。すると、不思議とその場が和んでくるのだ。テレビカメラが来るということは、ちょっとした《事件》であるから、特別な瞬間なのかもしれない。それでも米澤が歩く所に笑いが絶えないのはカメラの影響だけではないと思う。大きな体をして、ニコニコと誰にでも気さくに話しかける。中にはカメラを拒否してあからさまに嫌な顔をする人もいるが、そんな人たちにも、「ごめんごめん」と笑顔でその場を取り繕えば、その人の引きつった顔も緩む。生まれ持っての楽天家というのか、底知れぬ明るさがある。取材する立場としては、空気が緩やかになるというのは決して悪いことではないが、この人がプロのボクサーであるということが、どうしても信じられなくなってくる。果たしてこの優しさで人を殴れるのか。そんな心配さえしてしまうほどの人のよさなのだ。

　おまけに同じメンテナンスを担当する芦澤《あしざわ》さんは米澤の仕事ぶりを、

「ボクシングの片手間にやってるってことは絶対ないですね。僕は正社員ですけど、僕なんかよりもずっとちゃんとしてるんじゃないですか」

と評す。

　米澤はいつトラブルが起きても会社に駆けつけるし、普段の電話回線工事計画にしても綿密なスケジュールを組み、ほとんど狂いがない。また何よりも一三年間、遅刻を一度もしていないらしい。本人によると、三六年の人生で遅刻したのは、高校一年のレスリング関東予選の計量の時と、大学一年の九月に出稽古に行った時の二度しかないそうだ。

「遅れそうになって慌てるのが嫌なんです。だったら早めに着いて、待ってる方がよっぽどましです」

こともなげに言うが、この真面目さは異常である。

会社は米澤を正社員に誘ったことが何度もあったが、このままの生活がいいと決して首を縦に振らない。あまりに頑ななので、もう諦めたと芦澤さんは笑う。そんな相棒の話を「カメラがあるから褒めてるんですよ」とちゃかしつつ、米澤の目はパソコンの画面から離れない。キーボードをブラインドタッチで叩いている。ボクシングよりもこのスーツ姿の方がよっぽど似合っているというのが僕の印象だ。

「僕がもし正社員になったら、性格もあると思うんで、全部を会社に捧げるでしょうね。そうなったらボクシングどころじゃなくなっちゃうんで、自分で一線を引いて、この立場にいるというか、そんな感じです」

午後一〇時。遅い〝昼食〟の時間がやってきた。休憩室へ降りた米澤はタッパーに入れたお弁当を開いた。中に入っていたのは味付けも何もしていない茹でた鶏の胸肉だけ。

他には何もない。その鶏肉にポケットから取り出した二種類の粉末をふりかけ、お湯を注ぐ。すると緑色の液体に白い胸肉が浮かんできた。

これは食べ物なんだろうか。

僕のそんな疑問も気にもしない様子で、米澤はレトルトパックの玄米をレンジで温めながら、この緑色は青汁で、味付けのためにわかめスープのもとを投入していると説明する。つまり、これは「青汁わかめスープ味の鶏肉」という《おかず》で、玄米ご飯が《主食》なのだ。

「昼と夜はだいたいこれっすね。試合の後だけちょっと違うもの食べますけど、まあ、それ以外はほとんどこれっすね」

「ホントですか？」

僕はさすがに驚いた。味がどうか知らないが、この緑色の食べ物を胃に入れ続ける神経は普通ではない。

「最初この色やべえって思いましたけど、食べてみれば結構いけるんで、全然問題ないっす。栄養的にも十分だし」

「さすがに毎食は飽きるでしょう？」

「全然飽きないっすよ、ホントに。うん、今日も旨い」

ニコニコと箸を運んでいる。見ていると、米澤はおかずとご飯を交互に食べるのではなく、最初に鶏肉を食べ切り、それから玄米をゆっくりと噛み締めている。不自然な食べ方だとこちらが指摘すれば、これは血糖値を上げないための工夫だと説明する。僕は呆れた。どうやらこの男にとって食事は楽しむものではなく、栄養をただ補給するだけのものらしい。

普通の成人男子ならば、一日二四〇〇キロカロリーは必要とされるところ、身長一八〇センチの大柄な男が一七〇〇〜一八〇〇キロカロリーしかとらない。それは試合が近い、近くないにかかわらず、日々頑なに守り続けている米澤なりの《決まり》だ。元々太りやすい体質の米澤は、ボクシングを始めるまで体重が九〇キロ、重い時は一〇〇キロ近くあった。一方、ミドル級の規定は七二・五キロ以下。そこまで体重を落とすために、根本から食生活を変えようと思い立ち、もう三年半、この食事を続けている。おかげで今は七〇キロ後半が標準になり、試合となれば、一週間で七二・五キロまで絞り込める。

しかし、と思う。いくらプロボクサーと言えど、毎日、毎食この食事を続けるのは、苦痛ではないのか。やせ我慢をしてるのではないのか。そう問いかけると、米澤は笑う。

「別に他のものを食べたいとかそんな気持ちがないんですよね。減量してて、目の前でステーキ食べる人がいてもまったく気にならないし。どうぞ食べてくださいって思うし」

強がっているのかと思いきや、どうやら本気でそう思っているらしい。実際、喫茶店などで打ち合わせをしていても、僕が気を遣って何も食べないと、笑顔で食事を勧めてくるのだ。それでも断ると、自らウェイターを呼んで注文さえしてしまう。

不思議な男だった。食べものに興味がないわけではない。

米澤の母・折江《おりえ》に取材した時に聞いたのだが、米澤は小さな頃から、かなりの大食漢で好物の枝豆なら〝ざる一杯〟は食べるくらいだった。嫌いなものはまったくなく、とにかく量。飾りに添えたパセリまで残すことはなかった。お腹一杯になることが幸せな子で、普通の子どもの二倍は食べていた。そんな米澤が極端な食事制限にどうして耐えられるのか、母親も理解できない。

米澤は、ボクシングをやることで友達が減った。それまでは人付き合いはよく、誰とでも飲みにいっていた男が、いまは会社の同僚の送別会でさえ、練習があるからという理由で参加しない。アルコールも当然、やめた。以前は体育会系の大酒飲みで「ちゃんぽんで飲む」という言葉を、大きなジョッキにウイスキーや焼酎やワインを混ぜて一気に飲むことと勘違いしていたくらいなのに、ボクシングに集中して以来、一滴も飲んでいないと話す。

「ごちそうさまでした」

たった四七〇キロカロリーの食事を五分で終えた米澤は、小さな部屋に入っていった。そこは一〇畳くらいの空間に業務用冷蔵庫のような大きさの箱がぎっしり並んでいる奇妙な部屋だった。人が歩けるのは、前後わずか八〇センチほどの隙間しかない。その箱の半透明のプラスチック戸から透けて見えるのは、うじゃうじゃとした配線と床から天井までびっしり平積みされた薄っぺらなDVDデッキのようなものである。やたら寒く、設置された温度計は、七度を指している。

「ここは?」

「サーバー室です。静かだから仮眠するのにちょうどよくて」

「なんでこんなに寒いんですか?」

「サーバーはすぐ熱を持つから、冷やさないとマズいんすよ」

米澤は壁にかけてあったダウンジャケットを羽織ると、冷たい床に座り込む。どうやら座ったまま眠るらしい。

「こんな寒い所で眠るんですか?」

「ここしか静かな所ないんですもん」

「でも、さすがに七度は体によくないんじゃないですか? 筋肉も硬くなるし……」

米澤から返事がない。見ると、既に眠りに落ちていた。休憩時間は残り四五分。無駄話をする余裕など一秒もないのだ。

結局、この日仕事が終わったのは、朝一〇時だった。資材を搬入する業者が大幅に遅れて帰宅時間が三時間も延びた。帰り道、さすがの米澤も口が重い。こちらもかなり疲れたので、とにかく駅までは送ろうと黙ったまま一緒に歩いていると、米澤はジム近くのドトールコーヒーに入る。コーヒーだけを頼み、朝ご飯どころか水も飲まずに、机に座ったまま目を瞑《つぶ》る。

「帰らないんですか？」

「今日も夜勤なんで、ここで寝ます」

「少しでも家に帰って疲れをとった方がいいんじゃないですか？」

「家で横になったら、夕方まで起きれないっすから」

「夕方起きて仕事行けば十分だと思うんだけど」

食い下がる僕がうざったそうだった。けれど、なぜこんな所で眠るのか、わからない。米澤は、これが普通なのだと言わんばかりにイライラと、「昼に練習があるんで」と当たり前のように言った。

滅茶苦茶だった。この日だって、ほとんど寝ていないし、ドトールで座ったまま眠って疲れがとれるわけがない。二、三時間後には、ロードワークに出て八キロ走り、そのあとジムへ行き、激しく体を追い込むつもりだ。そして再び夕方から夜勤。今週あと三日間はその連続になるという。本当はディレクターとしてその日々に付き合わなければならないのだろうが、こちらも体力が限界だった。

僕は眠りこける米澤を置いて、ドトールを出た。

タイ・バンコクでの試合まで、あと一〇日。こんな生活で勝てるわけがない。僕は早くもドキュメンタリーの《仕舞い方》について考え始めていた。

## 5

二月五日。夜、一二時。僕は成田空港近くのホテルにチェックインするため、イライラと長い行列の中にいた。一時間以上待っているのに、なかなかフロントまでたどり着かない。当初の予定であれば、翌日六日の朝にタイ・バンコクへ出発するはずであったが、大雪で電車が動かなくなるとの報道が流れ、一日早く成田へ向かったのだ。しかし、考えることは皆同じでホテルは大混雑。ロビーはチェックインできない客でごった返している。

米澤は、深夜、有吉会長やトレーナーとともにタクシーで成田空港へ向かうと聞いていた。ホテルが一杯で取れなかったらしい。夜中に成田空港に着き、ベンチで夜を明かし、朝九時のフライトを待つ。試合前のボクサーの行動としては最悪だが、飛行機に乗れなかったら、そもそもアウトだ。

雪のちらつき始めた窓の外を見ながら、米澤はきっと不眠と試合の不安で、かなり心理的に追い込まれているのだろうなと思った。いつまでたってもチェックインできないイライラも、ベッドで眠れるだけ、米澤よりはましかと思った。

ドトールで別れた後も何度かジムへ行った。ほとんど睡眠を取らないで体を絞り込んでいく米澤の姿は、正直痛々しかった。僕は立ち会ってはいないが、米澤はたった一時間しかない夜勤休憩の間も、ジムに向かい、サンドバッグを叩いた日もあったという。ジムの営業時間外の午前一時、会長から鍵を借りての練習だった。

何故そこまでするのか。寝不足と重なる疲労で朦朧《もうろう》となっている米澤を見ていると、番組は置いておいて、もうやめてもいいのではないかと何度も思った。三六歳でこの挑戦はやはり難しいのではないか。

実際、どれくらい現実味のあることなのか、トレーナーの小林に聞いた。

「自分より強い相手に、三回連続で勝たなきゃいけないっていうのは、結構難しいというか、大変は大変ですけど、本人がやるというのであれば、できる限りサポートしていくつもりです」

「三六歳という年齢で厳しい面はないのか？」

「僕は三〇で引退してますので、三六歳がどんな状態なのか、正直わからないところもありますよね……。なんで、そこを聞かれると、ちょっと、なんと答えていいかわからないですね……」

なんともお茶を濁したような言葉しか返ってこない。

有吉会長にいたっては、

「米澤の状態とか詳しいことは、トレーナーに任せてるんで、トレーナーに聞いてもらってもいいですか？」

こちらが突っ込もうとしていることを事前に察知しているかのように逃げられた。有吉会長も、二〇代前半で現役を引退していた。

つまり、米澤の指導に当たっている二人は三六歳のボクサーがどれだけ疲労を蓄積するか、知らない。実際、二ヶ月前、米澤は体調不良で以前引き分けた相手に判定負けを喫している。もうアスリートとしては先が見えていた。日本ボクシングコミッションが年齢制限を三七歳と設定したのには、それなりに正当性があるのだ。それほど、この殴り合いのスポーツは選手の心身を削るし、生命に関わる危険性だってある。そもそも〇〇歳以上しかできないというようなプロスポーツはいくらでもあるが、三七歳未満というような、年齢に上限があるのは、プロボクシングだけだ。この事実が既に過酷さの証明となっている。

試合五日前にようやく米澤は会社の休みが取れた。最後のスパーリングも終え、後は肉体の回復と規定体重まで絞り込むことがプロボクサーの仕事となる。普段から厳しい節制を続けている米澤には、減量の苦しみのようなものはほとんどない。よく体を休め、できるだけ最良の状態で試合当日を迎えられるかどうか。しかし試合三日前にまたしても徹夜を余儀なくされるという不運。大雪を降らせる天を恨むしかない。

二月六日午前八時。寝不足の目を擦りながら、待ち合わせの出発ロビーに行くと、青木ジム一行は既にベンチにいた。会長の有吉、トレーナーの小林、米澤を慕う後輩練習生の宮本《みやもと》らがサポートとして同伴する。ここで夜を明かしたのだろう。笑顔で撮影隊を迎える会長の目は赤かった。結局、天気予報にあったような大雪にはならず電車は通常ダイヤで運行していた。

米澤の顔を見ると、静かな目は遠いどこかを向いていて、空港の喧噪などまったく意識にない。やがて出発時間になって飛行機に乗り込む段になっても一言も発さない。減量の仕上げは水分を断つことにあるというが、明らかにいつもの米澤とは違う精神の持ち主がそこにいた。

いよいよだ。不安材料は山積みだが、バンコクという異国の地で挑戦が始まる。

## 6

二月七日。試合前日、朝六時。

東南アジア、バンコクは早朝から暑かった。東京と比べ、三〇度以上も気温が高く、少し歩くだけでTシャツが汗ばんでしまう。米澤と逗留したのはバンコク郊外にある《13 Coins Hotel》という一泊二〇〇〇円の安宿だった。英語も通じない上、お湯が出るはずの僕の部屋は完全に水のシャワー。また、なぜかホテルの敷地内にリングが四つも併設されていて、朝から小さな子どもたちがムエタイの練習をしている。リングの周りには観覧用の椅子と机が並べてあり、宿泊した客が練習や試合を見ながら、食事をしたり酒が飲めたりするシステムになっているようだが、こんな朝っぱらから見ている人はいない。それでも多くのボクサーが汗をかいているのは、ここが単なるショーの場所ではなく、練習生が集まるジムとしての機能があるのだろう。コーチの厳しい声が辺りにこだましている。

僕たち撮影隊はバンコクの旅程をすべて有吉会長に任せていた。ドキュメンタリーである限り、何が起こるかわからない。同じホテル、同じ車で、とにかく一緒に動きたかったからだ。しかし、バンコクのスワンナプーム空港に着いてわかったのは、ホテルが決まっていないということだ。さらには、会長自身、試合会場も時刻も、計量の場所さえ知らないことがわかってきた。僕はホントに試合があるのか、若干不安になっていた。それでも「事前に聞いてもだいたい、変わるんで」と有吉会長は平気な顔をして、空港に迎えに来たタイ人とタイ語で談笑していた。

そう、有吉会長はタイ語がペラペラなのである。これには驚かされた。タイに数年間暮らした経験があるらしいのだが、その経歴には謎めいたところが多い。二〇代前半で網膜剥離の怪我で現役を退いたあと、なぜかバンコクへ渡り、ムエタイやボクシングのマッチメイカーをやったり、映像関係のコーディネーターをしていたのだという。そこからどういう人生を歩んだら、青木ボクシングジムの会長になれるのか定かではないが、有吉会長の豊富なタイ人脈がなければ、米澤のような無名のB級ボクサーがこうしてわざわざ海を渡り、試合をするようなことなんてあり得ないから、間違いなく米澤は〝ついている〟。

それにしても有吉会長はバンコクの空港に着いて以来、日本での強面が信じられないほど終始満面の笑みである。タイ人とタイ語を話すこと自体が喜びのようだ。夜一〇時過ぎに到着した昨晩も、部屋に荷物を置くやいなや（と言っても手提げ袋一つだけ。いくら旅慣れていても、こんなに少ない荷物で海外に行く人を僕は知らない）早速、繁華街へ繰り出し、深夜まで飲んでいたらしい。それに付き合わされるトレーナーも、応援に来た練習生も、ある意味大変そうである。

一方、米澤は、ホテルの部屋に閉じこもったきり、出てこない。《何か》を撮影しなければならないドキュメンタリーディレクターとしては、米澤が何かを始めた時にいつでも撮影できるよう、部屋の前で完全に待ちぼうけである。

この日は試合前日の計量。少しはジョギングをしたり、シャドーボクシングをしたり体を動かしてもよさそうなものだが、朝からまったくその気配がない。

時刻は午前一一時半になった。計量まで残り一時間半になろうとしている。

本当にギリギリまで何もしないのか。それとも撮影されたくない何かを部屋の中でしているのか。

目を覚ましたトレーナーの小林に、米澤が何もしてないが、大丈夫なのかと尋ねると、

「いつもそうっすよ、米澤は。米澤の場合、寝て疲れを取るのが、一番大事ですから」

と当たり前のように言う。小林も様子を見に行くつもりはない。どうやら計量前のボク

サーはほっとくのが一番だということらしい。

僕らも昼飯を食い、時間を潰すことにした。

午後一時。計量は、ホテルに併設されているボクシングジムで行われることになっていた。時間一五分前に現れた米澤は、唇が乾き切ってひび割れていた。大事そうに抱える小さなペットボトルの水が減量の苦しさを静かに伝える。しきりに辺りを窺い、対戦相手を探しているものの、どうやらまだ来ていない。

相手の名はプラープスック・ノンピタヤコム。二四歳の右利き。たったそれしか情報のない中、この計量が唯一かつ最後の作戦を練る機会となる。相手が無名だからといって決して油断はできない。なぜなら以前、青木ジムの看板ボクサーの一人、フェザー級日本ランキング五位の渡邉卓也《わたなべたくや》でさえ、タイの名もなきボクサーに負けたことがある。この格闘技の王国は、日本人には想像もつかない奥行きがあるのだ。

有吉会長は会場をせわしなく動き回り、相手が来ているかどうかの確認をプロモーターに何度もしている。顔もわからないらしい。

多くのボクサーやトレーナーなどの興行関係者に交じって、報道記者たちも集まってきた。興行のメインは、ジョン・トーンというバンタム級の東洋太平洋チャンピオンの防衛戦だ。まず最初に彼の計量が始まり、フラッシュがたかれる。ジョン・トーンは日本でも知られる有名選手で、タイでは当然、大スター。テレビカメラも数台入って、彼の一挙手一投足を追いかけている。

タイの、日本の〝相撲〟にあたる国技がムエタイで、公的スタジアムで行われる試合は市民の賭けの対象になっているため、とても人気が高い。そのムエタイ選手の中で強過ぎて賭けが成立しない選手や、もっと金を稼ごうとする選手がボクシングに転向するのだという。つまり、ムエタイはタイ国内でしか金が稼げないが、ボクシングは世界中が舞台となり、世界チャンピオンともなれば、とんでもない大金が転がり込むというわけだ。

階級社会が根強く残るこの国では、お金のある首都バンコク生まれの子どもでムエタイをやるものはほとんどいない。田舎の貧乏な家の子どもが幼い頃から近所の仏教寺院などでムエタイを習い、その中で優秀な選手がバンコクに送られ、賭けの対象となって闘い、お金を稼いで田舎に送る。そして、あわよくばボクサーに転身して、チャンピオンになることが、一つの理想なのだ。

朝、このリングでムエタイの練習をしていた子どもたちが、ジョン・トーンへ熱い視線を送っている。彼らの夢の体現が、彼のようなボクシングの東洋太平洋チャンピオンなのだろう。

「来たよ」

有吉会長が息荒く、指を差した。見ると、眼光鋭い若者がトレーナーに付き添われて車から降りてきた。彼が対戦相手、プラープスック・ノンピタヤコムだ。

早速、計量が始まり、両者がパンツ一枚になる。ノンピタヤコムの背は米澤よりも低いが、体重が同じ分、身体がかなりがっしりしている。また何よりも二四歳。全身の筋肉が明らかに若く、張りがある。計量は楽々パスした。こちらは〝穴も開きそうなくらい〟相手を見ているのに、自信があるのか、米澤のことを見ようともしない。

続いて米澤がそっと体重計に乗る。

そこら中に報道関係者がいるので、少しはカメラを向けてくれてもよさそうなものだが、皆、機材を地面に置いたまま談笑している。まあ、日本から来た無名のB級ボクサーに関心を持ってくれと思う方が間違いなのだと思い直したところで「ＯＫ」となり、計量は終わる。これでようやく試合が正式に決まった。

米澤は小さな笑顔を見せる。今こそ話を聞いてみようと、相手の印象を尋ねると、突然、顔が曇り、

「見た目じゃ全然わからない。強そうに見えたって弱い時もあるし、弱そうに見えたって強い時もあるので」

強い調子で、話を打ち切られた。

試合前のボクサーは何を思うのか。語ろうとしない米澤の心の内が垣間見えたのが、計量後、食事に向かったタクシーの中だった。タイ人のコーディネーターが僕の隣に座っていたので、相手選手の印象を聞こうとすると、

「その話やめてもらえますか？」

米澤は機嫌の悪い声で話を打ち切ってしまう。タクシーの中が気まずい沈黙に包まれる。すると、突然、話し出した。

「昨日の夜、夢見たんですよ。何もしてないのに気付いたら試合終わってて。え？　終わったんすか？　負けたんすか？　ってトレーナーに聞いたら、負けたって言われて……。ええ！　って、それで目が覚めて……最悪っすよ……夢でよかったですけど」

　それきり再び米澤は黙りこむ。

　二月、乾季を迎えていたバンコクは、一年で一番過ごしやすい時期だ。朝から雲ひとつない晴天。待ちに待った食事に向かうタクシーは、高速道路を快調に走っていた。バンコク中心街の高層ビルが見えてきた。

　米澤が思い起こしたのは、前回の試合なのだろうか。

　二ヶ月ほど前の一二月三日。米澤は、二度目の対戦となったワタナベジムの齋藤《さいとう》史朗《しろう》に〇－三判定で完敗する。齋藤は四勝二敗一分けのB級ボクサーだ。一度目の試合はドロー。米澤はそれから六試合を重ね、経験も実力も伸びていたはずだった。しかし相手に差をつけるどころか、すべて向こうが上回り、何もできずに負けた。何より苦しかったのは、本人にとって《気持ちの上がらない、ぐだぐだした試合》だったこと。いくら練習しても力が落ちていく。判定負けのリングアナウンスを聞いた時、引退の文字も頭をよぎった。

だが、有吉会長は不思議な男で、そんな試合のすぐ後に、もう一度やらせることを決めてしまった。「まだできるよ」この一言で決まってしまった。試合をしたい選手などいくらでもいるのに、限界が見えたロートルボクサーになぜそこまでさせるのか、僕のような外部の人間には理解できない。しかも多額の費用のかかるタイにまで連れてきた。もしかしたら、有吉会長は、この試合に負けたら引退を勧めようと考えているのかもしれない。米澤もその覚悟はしているのかもしれない。

いずれにせよ、試合二四時間前にして、米澤のメンタルは極度の緊張状態にあった。

二月八日。試合当日。

試合会場は市民会館のような建物の庭にあった。この日の興行のために組まれたテントの下にリングが据え付けられていた。ジョン・トーンのタイトル防衛戦は二試合目に組まれ、見事勝利を飾って大喝采で終わった。タイの興行はメインの試合が一番、もしくは二番目で、ランクが下がるたびに順番が後ろの方になるという、日本とは正反対のシステムだ。一番目二番目くらいまでの試合は、地元政治家やスポンサー企業の重役などが来賓席を埋め、国歌斉唱もあり、テレビカメラに囲まれた盛大なセレモニーとともに始まる。

米澤は控え室としてあてがわれた市民会館の大広間で自分の椅子から一歩も動くことなく、ずっと目を瞑っていた。全員が集まる開会式にも参加せず、他の試合を見ることもなく、ただ椅子に座ったまま、自分の名前が呼ばれるのを待っていた。個室はない。ボクサー全員が同じ大広間におのおの陣取り、準備を進める。対戦相手と遠ざけるなどという気遣いは皆無で、作戦も何もかも筒抜けの共有空間だ。すぐ隣で試合が終わった選手が血まみれのガーゼを顔に付けながらお粥を食べていた。対戦相手のノンピタヤコムもシャドーを繰り返している。時折、チラチラとこちらを窺っているが、米澤は動かない。定期的に腕時計を確認しているから寝ているわけではない。

一方、会場では試合が進むにつれて、だんだんと客が減っていった。入場は無料。一番最後に組まれた米澤の試合が近づく頃には、客席には出たり入ったりの近所の子どもたちと、いかにも暇つぶしをしている酒に酔ったおっさんたちがちらほらいるだけになってしまった。会場スタッフが空いた椅子を片付け始めている。もうテレビカメラもいなくなった。来賓席にいた政治家やスポンサー企業の重役などは、全員帰った。ラウンドガールたちは完璧に試合を無視して、スマホを見せ合ってきゃあきゃあ笑っている。

気温三〇度を優に超える熱帯の蒸すような午後、長い興行に付き合う酔狂な人間などほとんどいないのだ。それでもリングでは、無名のボクサーたちが必死に闘っている。

そして米澤は、自分の出番を待つ間、金縛りにあったように椅子から動かなかった。混み合っていた大広間には、もう人はいない。集中をそぐような存在はない。おまけにプラスチック製の椅子は三〇分も腰を掛けていれば尻が痛くなるひどい代物だ。

しかし、会場入りしてからずっと、もう三時間が経っていた。

何が彼を〝止めて〟いるのか。

三六歳という《老体》に残されたエネルギーを余すことなくリングに集約させるためなのか。ただ精神を一つに向けているのか。それにしても長過ぎる。繰り返すが、彼は眠っているわけではない。

次第に僕はその動かない背中が異様に思えてきた。大きな広間にぽつんと一つ。動かないが故に、賭けるものの大きさが空気にまとわりついてくる。僕は、このB級ボクサーが何者かであるような気さえしてきた。

結局、呼吸するのさえはばかられるような静寂が四時間にわたり続いた。

「用意しよう」

会長の有吉の掛け声とともに、米澤の目が開く。トレーナーの小林が拳に丁寧にバンデージを巻いていく。

「いつもの通り。下下上。下下上。余計なことしない」

呪文のように小林がささやき、米澤はうなずく。そして、

「全部出してきます」

こう言い残して、米澤は観客のいないリングへ上がった。

## 7

第一ラウンド。ゴングと同時にいきなりノンピタヤコムはラッシュを仕掛けてきた。米澤は必死に両腕でガードを固めるが、相手はその上から構わず強烈な右フックを叩きこんでくる。大振りだがまともに喰らったらダメージは大きいだろう。

「右、気を付けろ!」

有吉会長が叫ぶ。背の低いノンピタヤコムだったが、意外とハードなパンチを持っていた。ステップは軽く、鞭《むち》のようなしなやかな体から、うなるような右フックが飛んでくる。序盤、米澤は両腕でガードを固めるだけの亀のような姿だった。相手のパンチに合わせて、カウンターを狙えるような反射神経も老獪《ろうかい》なテクニックもない。打ちまくる相手をガードの隙間からじっと見つめ、じりじりと距離を詰めていく。トレーナーの話していた根性があるとはこのことなのだ。

今回、タイ遠征に同行したジムの練習生、宮本は早稲田大学の四年生だ。卒業前の忙しい中、わざわざ高い旅費を払って応援に来たのは、米澤の闘いに毎回心が打たれるからだという。

「自分が言うのもなんですけど、米澤さん、決して器用な人じゃなくて、何があっても前に出るしかないんです。それがなんかすごいんです。感動するんです」

その言葉通りの試合運びだった。どんな相手に対しても、三〇過ぎてボクシングを始めた男にできることは、愚直に前へ。これだけだ。

だが、このスタイルで連戦を続けるのは相当なダメージがあるだろう。《試合をするたびに力が落ちていく》その原因は、この捨て身の闘いがもたらした必然なのかもしれない。

第一ラウンドが終わる。

セコンドにいた宮本はバケツを出す係だが、慣れないのかタイミングが遅く、トレーナーの小林に怒鳴られている。小さな丸椅子に腰を下ろした米澤は、有吉会長と小林に挟まれ、指示を伝えられる。

「まだ距離があるな」

「はい」

「右だけ気を付けて、詰めてボディ。忘れてるよ」

「はい」

インターバルの米澤は、冷静だった。今回の試合はB級の六回戦。六ラウンドの勝負だ。前半、打たせるだけ打たせて、それでもコーナーへ追いつめて地味にボディを打ちこんでいく。そして体力が切れた終盤に倒す。それが米澤サイドの作戦だ。

本来なら、ここは熱帯のタイ・バンコクであり、長期戦に分があるのは年齢が一回りも若く、なおかつ気温の高さに慣れたノンピタヤコムの方だ。日本人ボクサーはできるだけ早い回に勝負に出た方がいい。だが、パンチ力のない米澤にKOを求めることはできない。どんな状況でもいつも通り、ボディで攻める。

第二ラウンド。ここでもステップの速さで上回る相手は、巧みにリングを動き回り、米澤の得意な接近戦には持ち込ませない。かと思うと、不意に変則的な動きから、思いのほか伸びる右フックであごを狙ってくる。手数で言えば、相手が上回っていた。このペースで判定に持ち込まれたら米澤はまず勝てない。なにせここは完全アウェイの敵地バンコクだ。

だが、二ラウンド中盤に入り、相手が早くも疲れたのか、パンチを止める。一方、執拗にボディを狙い続ける米澤のパンチが当たり始めた。

「ボディ効いているよ！」

トレーナーが有効打を伝える。牛のような重い歩みで米澤がずんずんとコーナーへ詰め寄っていく。一旦心がひるんでしまうと、この姿は恐怖なのかもしれない。

二ラウンド二分四秒だった。コーナーに追い詰め、米澤が放った右ボディが相手の左脇腹をとらえる。悶絶したノンピタヤコムは崩れ落ちた。審判はすぐに試合をストップ。米澤のKO勝利だった。しかし、あまりにもあっけなく、試合で番組を盛り上げるのは難しいなとディレクターとしては思った。

それでも、米澤にとっては八ヶ月ぶりの勝ち星であり、しかも人生二度目のKOだ。

さぞかし歓喜の雄叫びを上げるかと思いきや、起きてこない相手を気遣い、側に寄っていく。《殴らないで勝ちたい》米澤らしかった。ノンピタヤコムの無事を確認すると、ようやく喜びの表情を見せた。

ふと横を見ると後輩の宮本が人目をはばからず号泣している。

「よかった……よかったです……すごい、すごい試合でした……」

僕は正直驚いた。あれは、そんな感動的な闘いだったのか。

しかし、宮本の目からは拭っても拭っても涙がとめどなく流れ、嗚咽が止まらなかった。いい大人が声を上げて泣いている。

控え室では、「シャワーないからトイレで着替えてな」そんな過酷な言葉をかけながら、トレーナーの小林の言葉は喜びに弾んでいた。厳つい男の顔がくしゃくしゃになっていた。

試合後の感想を聞けば、「ようやくこれでバンコクに来た気がします。さっきまでは、正直、それどころではなかったんで……」と打ち明けた。

この日、小林には、音声をきれいに録るため無線のピンマイクを付けてもらったのだが、試合前、ゲロを吐く音が何度もこちらに聞こえていた。体調が悪いのかと思っていたが、緊張で胃がひっくり返って我慢できなかったのだという。小林は小林でこの試合に賭けるものがあったのだ。

そして有吉会長は、米澤の勝利を祝うためにタイの友人を十数人も招いて店を貸し切り、大盤振る舞いで宴会を開いた。その中に辰吉丈一郎《たつよしじよういちろう》を倒して一躍有名になった元世界チャンピオンのウィラポンまでいたのには本当に驚いた。

有吉会長は次々に訪れる友人たちにせわしなく挨拶しながら、

「内容はともあれ、勝ってよかった。次につながります」

と興奮収まらない様子で、水のようにシンハービールを飲み干していた。

祝勝会は夜更けまで続き、取材者の僕もいつの間にかその渦の中に巻き込まれていた。

この日米澤はタイトルを獲ったわけでも日本ランキングに入ったわけでもない。無名のB級ボクサー相手にバンコクの場末のリングで一勝を上げただけのことだったが、同じジムで汗を流している人間にしかわからない感情が、バンコクの夜に爆発していた。

プロボクシングとはいかなるスポーツなのか。

酔っ払う有吉会長や小林に囲まれながら、ニコニコとお茶を飲み続け、タイ料理を次々と平らげる米澤を見ながら、僕はマスメディアのフラッシュライトに浮かび上がる華麗なボクサーではなく、その陰にいる名もなきボクサーたちの世界をもう少し見てみたくなった。

この日、三六歳三ヶ月、現役生活残り九ヶ月にしてようやくA級ライセンスを獲得した米澤は、

「やっとスタート地点に立てました」

と言い、屈託もなく笑った。

## 8

深夜まで続いた祝勝会の後、米澤は短時間ベッドに体を横たえただけで、午前二時にホテルを発ち、四時前にはスワンナプーム空港に駆け込んだ。試合などしない同行者も疲れ切る強行軍だが、これも遠征予算の都合だ。九時間も狭いエコノミー席にいては試合後の一八〇センチの体にはこたえたろうが、成田空港に着いた米澤は、板橋区の自宅には戻らず、その足で生まれ故郷である千葉の柏へ向かった。久しぶりの実家で思う存分、母の手料理を食べたい。飛行機の中で思いついたのだという。

駅には母・折江の運転する車が待っていた。

「試合どうだった?」

「勝った。二ラウンドKO勝ち」

「あっそう……よかったねえ」

車中の二人は仲のよい母と息子そのものだった。

「すごかったよ。控え室なんてないんだもん。その辺でみんな準備してさあ。めちゃくちゃいい経験だよ。普通あんな所で試合できないよ。俺みたいなボクサーがさ……」

米澤は小さな子どものように、見たものを母に報告していた。聞いている母は、「すごいね。そうなんだ」と素直に喜んでいる。

米澤は長男。父と母と妹の四人家族だ。妹は四つ年下のため、幼い頃、母を独り占めして甘えることができた。米澤の朗らかさは、このように何を話しても、ちゃんと聞いてくれる母がそばにいたからなのかと二人のたわいない会話を聞きながら思う。無理をして相槌を打つのではなく、母は心から息子の土産話を楽しんでいる。

しかし、そんな母親がいながら、米澤は正月くらいしか帰らない。千葉と東京の距離であるが、ボクシングと仕事が生活のほとんどの時間を占めていて、帰省する余裕などないのだろう。母にとっては息子が珍しく家に寄ったこと自体がうれしいようだった。

さりげなく米澤が問う。

「親父はいるの？」

「いるよ。今日カメラが来るって聞いたから緊張してるんじゃないかしら」

「あっそう」

それきり車内の二人は妙に静かになった。気になって、「お父さんは喜んでくれますかね？」と聞いてみると、「いやあ……」とお母さんは何かを言いかけてやめてしまう。米澤も説明してくれない。その反応にこちらが戸惑っていると、ほどなく車は住宅地の一角に止まった。

幾分緊張した面持ちで米澤は玄関を開ける。

「ただいま」

「おかえり」

迎え出た父親は、カメラを抱えた取材者に愛想を振り撒きながら、荷物を運び込む息子を黙って見つめていた。やがて半ば社交辞令のように尋ねた。

「試合どうだった」

「勝ったよ。二ラウンドKO勝ち」

「KO勝ちしたの？」

「そうだよ」

「へー」

たったそれだけの反応で父・良雅《ながまさ》は家の奥へ引っ込んでしまった。何か不思議な空気だ。残された米澤も挙動不審で、

「何しよう？ 何するんだっけ？ ああ、そうだ。飯、飯食おう」

所在なげにうろついている。久しぶりの実家なのにくつろぐどころではない。こんな調子なら疲れているだろうに、どうして実家に帰ってきたのかよくわからない。

母・折江は息子のためにキムチ鍋を用意していた。そして乾杯だけ撮影して、一緒に食べましょうと語りかけてくる。なんだかこれから始まる食事風景を撮られたくない様子だ。父は父で、息子に日本酒を勧めても飲んでくれないので、こちらを晩酌相手にしたがっている。ここで断るとマズそうな雰囲気なので、カメラは多少ふらつくが飲んだ。キムチ鍋もお相伴にあずかった。

食事が始まり、三〇分もした頃だろうか。口火は父の方が切った。だいぶ酒が回った様子で、今回の試合について米澤に問う。

「KOはラッキーパンチだったの？」

厳し過ぎる一言だが、米澤はすぐに切り返す。

「ラッキーパンチかどうかはあれだけど……」

「今、何勝何敗なの？」

「六勝六敗二分け」

「六敗はなんで負けたの？」

「それは僕の防御の時間が長過ぎるから。やっぱり受けに回ってると印象も悪いし、これからそこはなんとかしようと思ってるんだけど」

「いやそれは、あなたの性格。あなたは優し過ぎるから、ボクシングには向かない！」

言い残して、トイレに立ってしまった。米澤はぐうの音も出ない。

母は心配そうに「お父さん、酔っ払ってるんですよ」とこちらにフォローするが、トイレから帰ってきた父はさらに続ける。

「だいたいさ、チャンピオンになれば食えるの？」

「いや、日本チャンピオンじゃ食えない。やっぱり世界に出ないと」

「じゃあさ、どうしてやってるの？　食べられなきゃ、ダメでしょ？　あなたもいい年なんだからさ、いい加減まともな職に就いて、家庭を持つとかさ、まじめに考えないとダメなんじゃないの?」

米澤も必死で切り返す。

「いや社会的に言えば、僕は不適合って言われるかもしれないけど、僕は僕なりにちゃんと仕事もしてるし、人様に迷惑をかけてるわけでもないし……」

「あなた、人からお酒飲もうと言われたら断るんでしょ?」

「もちろん」

「社会人ならさ、付き合いとかいろいろあるでしょう?」

「いや、それとこれとは別だから」

「だからあなたはアルバイトなんだよ。アルバイトだからそんなこと言えるんだよ。いい加減に仕事を考えてる証拠だよ」

「だからボクシングが今の僕の仕事なんだって」

「食えないのは仕事じゃないだろう?」

ヤケクソのように日本酒をがぶ飲みする父は容赦なく息子の痛い所を突いてきた。どこまでも正論だった。米澤の〝思い〟は、父に伝わりそうもなく、際限なく二人の口論は続いた。

母は、カメラを止めるように伝えてきた。

父が息子に生活を正せと怒るのもわかる。けれど米澤はちゃんと自立し、親にお金を無心しているわけでもない。あそこまで追い込まなくてもいいじゃないかと僕は米澤の肩を持ちたくなってしまう。なぜ、ああまで否定するのか。僕は後に父の話を聞いた。すると、父は父なりの夢を持ち、それを諦めざるを得ない人生があったことを知った。

父・良雅は昭和二〇年、東京都江戸川区に生まれ、四人兄弟の末っ子として育った。中学一年生の時に父が脳溢血《のういっけつ》で亡くなり、母が小学校の給食のおばちゃんをやりながら、女手一つで四人の子どもを育て上げた。

良雅は小さな頃から、外洋を走り回る船乗りになるのが夢で、商船大学を受験したが失敗する。その時、母は息子に〝安定した〟職に就くよう説得。浪人させるほどの経済的余裕もない上、これ以上生活の苦労をさせたくなかった。姉二人はそんな母の思いを受けて公務員になり、兄はセイコーという大会社に勤めた。

そして、そういう家族に囲まれた末っ子に自分の意志を貫くことなどできるはずもなかった。

良雅は船乗りを諦め、高校卒業後、東京都水道局に就職。以来四十数年、定年まで公務員一筋で生きた。それでも好きな船を諦めることはできず、《趣味として》週末、真鶴のヨットハーバーに通った。仕事と好きなことは、別。良雅はそういう信念を築くことで自分の人生を肯定してきたのだ。

そうした父の生き方と今の米澤のボクシング生活はあまりにもかけ離れている。米澤が就職も決めずに大学を卒業したのは、もう一四年前。実家に帰るたびに、この類いの喧嘩が繰り返され、息子はいつしか寄り付かなくなった。

今回、正月でもないのに実家に寄った米澤は何を期待したのだろう。もしかしたら、八ヶ月ぶりの勝利を一瞬でも喜ぶ父の顔が見たかったのかもしれない。だが、父の態度は変わらず、さんざんな夜になってしまった。父はこれまで一度もボクシングの試合を見に来たことがない。学生時代のレスリングの試合には何度も足を運んだのに、〝部活〟から〝プロ〟を目指し始めた時、父は応援をやめた。

「あなたは優し過ぎるから、ボクシングには向かない！」

そう言った父の言葉にも確かな根拠があった。母・折江は米澤の幼少時代をこう振り返る。

「小さな頃から争うのが苦手というか、嫌いだったんじゃないかしら。この子、あんこもちが大好きなんですけど、一つしかなくて、妹が欲しいってだだこねると、すぐに譲ってしまうんですよ。競争心がないって言うんですか？　かけっこでも、せっかく一番で走ってきてゴールかと思ったら、みんなが来るの待ってるんですから。ゴールしないで。それでそのまま追い抜かれてビリになったこともあるんです。誰かと喧嘩した覚えもないですし、傷だらけで帰ってきたこともないですね。お父さんが重隆にボクシングに向いてないっていつも言うのは、やっぱり最終的には、その、相手を蹴落としてまで自分がっていう気持ちがない子だからだと思います。やっぱり必要なんでしょう？　あいう世界には。私もこの子がボクシングをやってるっていうのは、やっぱりわからないです。なんでなんですかね？」

母の話を、隣でへらへらと笑いながら米澤は聞いていた。反論しようともしない。

「殴らないで勝ちたい」という言葉は本音だったのかもしれない。

この男が、なぜ闘いを続けるのか。疑問は膨らむ一方だった。

9

米澤は僕に嘘をついていた。正確に言えば、ある隠しごとをしていたというところか。

取材を始めた当初、米澤は、板橋区舟渡にある母方の祖母の家に住んでいると話していた。実際、撮影に入る前に下調べをしたスタッフは、その家で米澤の話を聞き、マニュアル本ばかりの書棚を確認していた。

ところが、撮影が始まり、奇妙なことに気が付いた。米澤は青木ジムで練習を終えた後、毎日五キロ沼袋まで歩く。舟渡方向は高田馬場から北である。ところが沼袋は完全に西。方向がおかしい。試合が近くなると家まで帰るのが面倒くさいから友人の家によく泊まると話したが、そんなに仲のよい友人なら紹介してほしいと頼んでも、何か言動に不審な点がある。問い詰めると、付き合っている彼女と暮らしていると白状した。ある事情があって、住んでいるアパートのことをテレビで公にするわけにはいかないから、隠していたという。

どんな事情か知らないが、共に暮らしている人がいるならば、このプロボクサーのことを一番深く知っているはずである。番組構成の何かのヒントが得られるかもしれない。また、「板橋のばあちゃんの家」を《自宅》に設定し、やらせ撮影をすることはできるが、これから長期間の取材が続く中、嘘をつき通すのにも限界がある。もし、差し支えなければ、一日だけでもいいので《自宅》を撮らせてもらえないだろうか。そう願い出ると、米澤はしばらく考え、「聞いてみます」と自信なげに言った。

バンコクから帰国後、翌日からコールセンターの仕事が始まり、相変わらず夜勤と日勤の混合で不規則な毎日が続いているようだった。

米澤からはなかなか返事がなかった。無理にお願いをして、関係が悪くなっても意味がない。自宅なしで構成を考えようと思い始めた矢先、連絡が入った。日曜日なら彼女も都合がいいので、来てもいいとのことだった。条件としては、自宅の場所がわからないようにすること。撮影は部屋の中だけで、アパートの外観はダメ。テレビに出ること自体大変な決断なので、諸々の条件は普通の感覚であれば当たり前のことだ。僕は当然、了承し、撮影に向かった。

米澤に連れられて入ったのは、六畳一間の小さなアパートの一室だった。そこで小柄な女性が洗濯物を畳んでいた。名前はみな子《こ》さん。年上女房である。名字は公にできないとのことだったので伏せておく。これだけいろいろなことを言っているからには相当神経質な人なのかと恐る恐る挨拶したが、会った瞬間、笑顔で迎えてくれて、拍子抜けしてしまった。

「狭くてすみません」

「いやこちらこそ、お邪魔してすみません」

こんなぎこちない会話だったが、僕の緊張は一気にほぐれてしまった。計算のない笑顔というか、不意に優しさに包まれたような気がして、何だかほっとしてしまった。

六畳にベッドを置き、周囲に机や箪笥があるので、ほとんど床が見えない。唯一の開かれた空間がベッドの上。だから彼女は洗濯物をベッドの上に畳んでいたのだ。二人暮らしにしては、この部屋は小さ過ぎる。

「ここに二人で暮らしているんですか?」

「……」

僕の質問に一瞬の間が空いた。すると、バツが悪そうに米澤が告白する。

「僕が転がり込んだんです」

みな子さんがすぐに合いの手を入れる。

「そう、この人が転がり込んできたんです、突然」

みな子さんが同居生活について教えてくれた。二人は十数年前、米澤の今の職場のコールセンターで出会い、くっついたり、離れたりの関係を続けてきた。そして、三年程前、当時二人は別れていた状態で、みな子さんは職場も変え、このアパートに暮らしていたところ、突然、荷物を抱えた米澤が現れ、そのまま居着いてしまった。なんだか追い返せない切迫した表情だったと彼女は笑う。問題は、このアパートの二階が単身女性専用をうたっているという点だった。男の同居が発覚すればすぐに退去を迫られるため、テレビカメラで撮られることに神経質になっていたのだ。しかも大家さんはすぐ横に住んでおり、米澤が入るところを見られてもマズいというなんともスリリングな状況だった。

一八〇センチのボクサーと六畳一間に暮らすこと自体かなり手狭だと思うのだが、みな子さんは、気にもせず、米澤から家賃をもらうこともなく、居候を許している。

それにしてもみな子さんはよく笑う。米澤はプライベートを見られていることが恥ずかしいのか、スマートフォンを適当にいじったり、本を読むふりをしたり、なるべく早くこの取材を終えてほしいオーラを放っているのだが、みな子さんはニコニコと米澤の部屋での様子を話してくれる。

「なんかこの人、いつも夜眠れないみたいなんですよね……こないだなんか、夜中に目さましたら一人でスマホいじってて、結構びっくりしました、あの時は。暗い中、顔だけ光ってて……。寝れないなら、ベッド変えた方がいいのかなとか、よく話してるんですけど、まだ買えてはいないですね……」

「食事の用意は楽です。この人鶏肉しか食べないし、自分で作るから。一緒にお酒飲めないのは寂しいですけど、米澤さんはウーロン茶で付き合ってくれるから大丈夫です。

でも、減量が終わって、いきなり二〇ケースくらい、ダイエットコーラとか水が届いたことがあって、その時は大変でした。部屋中が段ボールで埋まってて。なんだこいつって思いました。はじめてこの人、変なんだなあって気付きましたね」

みな子さんの話を聞きながら、部屋の中を見渡すと、このアパートを狭くしているのはほとんど米澤の荷物だということに気付く。部屋中に洗濯物を干しまくっている。毎日、ロードワークとジムで汗をかき、さらに練習の途中で何度もTシャツを替えているので、かなりの量があるのだろう。壁中に米澤の練習着がかかっていて、みな子さんの服などほとんど見当たらない。冷蔵庫の中を見せてもらっても、スポーツドリンクと米澤の鶏肉が大半を占めている。居候というレベルではなく、みな子さんの生活は米澤に占領されている。これで家賃を払わないのはよっぽどではないだろうか。

「外で何か買ったり食べたりする時は、僕が多めに払うようにしてます」

そう米澤は弁解するが、だったら家賃を折半にしろよと言いたくなってしまう。みな子さんだって懐に余裕があるわけではない。設計事務所に契約社員として勤め、不安定な立場にある。米澤とまったく同じだ。年上のみな子さんが食えないボクサーの世話をしてあげている気持ちがあるのかもしれないが、なんとも不公平だ。まあ、二人にしかわからないギブアンドテイクの関係でこうして同棲をしているのだから、他人の僕に口を挟む権利はないのだが……。

しかし、二人ともいい年だ。付き合いも長い。《結婚》は考えていないのだろうか。

そう問うた時、みな子さんはいやに動揺した。

「結婚ですか……いや、話したことはないですね。ないよね？」

みな子さんが米澤に問いかける。

するとと、

「何？　何？　なんのこと？」

聞いていないふりをする。

「じゃあ、今のは聞かなかったことにして」

なんともぎこちない空気。《結婚》は二人のタブーだったのかもしれない。

「私だって、やりたいことがあるし、米澤さんにもボクシングがあるんで、いまはそれどころじゃないっていう感じですか？」

みな子さんも、建築士の資格を取るために猛勉強中である。二人ともそれぞれの夢を追いかけているから、こんな狭い部屋に住んでいられるし、貧乏でも構わないと笑顔で言う。まるで二〇代前半の恋人のようだった。

「山本さん、お酒飲みますか？」みな子さんが聞いてくる。

「飲みますけど」

「もしよかったら、近所においしい焼き鳥屋さんがあるんですけど、一緒に行きませんか？」

「行っていいんですか？」

「ぜひぜひ。お酒飲む人がいた方が楽しいし」

実はこの日は、このカップルにとって特別な日曜日だった。試合後一週間だけは、好きなものが食べられる米澤と、みな子さんの休日が重なり、二ヶ月ぶりにゆっくり外食に行ける日なのだ。

二人と沼袋の街を歩く。生鮮食品店の前を通れば、お店の人が親しげに話しかけてくる。道ですれ違う人も、会釈してくる。この地域にずいぶん溶け込んでいる様子だ。

「米澤さんが来てから、突然知り合いが増えたんです。私ひとりだった時は、全然いなかったんですけど」

一緒に入った焼き鳥屋「鳥はし」でも同じだった。

飛び込みで撮影のお願いをしたのに、すぐＯＫ。暖簾をくぐると、「いらっしゃい！」というママの威勢のよい声に迎えられた。カウンターのみの小さなお店で、いかにも「常連」という方々が、カメラを珍しそうに眺めている。

米澤はこの日もウーロン茶。みな子さんと僕は生ビールで乾杯。米澤は日頃の鬱憤をはらすかのように、鳥刺し、焼き鳥、鶏サラダ、つくねなど、次々と頼む。どれもこれも、抜群に旨い。鶏ガラで出汁をとったワンタンスープなど、そんじょそこらの人気ラーメン屋などにまったく引けを取らない逸品だ。

「旨いもの好きなんですね」

「好きですよ」

焼き鳥屋で仲睦まじい様子の米澤とみな子さん（撮影＝小田振一郎）

そう答える米澤は本当に幸せそうな顔をしていた。

正直、鶏の胸肉だけの食生活に耐えられる人間なら、味などには興味がないのかと思っていたのだが、この店で食べたものはどれも驚くほど旨い。取材をつい忘れてしまうほどの味なのであるが、これほどおいしいものが好きな男が、なぜ、ボクシングとなると、あそこまで節制できるのか。不思議がまた一つ加わった。

「チャンピオンになれば、一発で幸せになれるのになあ」

店のママが米澤とみな子さんに語りかける。日頃このボクサーを励ましてきた一人であり、共に暮らすみな子さんの苦労も長く見てきた。

「そうなんですか？」みな子さんがママに問いかける。

「なれるだろうよ。早くなってくれよ、私が生きてるうちに」

冗談半分ながら、その言葉は米澤に重く響く。

「なりますよ」

それまでのお休みモードから突然、プロボクサーの鋭い表情に変わった。

酒の回り始めた僕は少し意地悪な質問をみな子さんにした。

「米澤さんは日本チャンピオンになれると思いますか？」

彼女は即答した。

「なれると思います。そのための生活をしているので」

みな子さんの真っ直ぐな眼差しに返す言葉が見つからなかった。

僕はその日、取材にもかかわらずひどく酔ってしまった。

二人とも三〇代半ばを過ぎている。僕も含めた多くのその年代は人生の何かが決まりかけていて、理想はあっても、自分にできることと、できないことがわかり始めている。僕がみな子さんにした質問の嫌らしい狙いは、若干返答に困るというものだった。同じ世代として、それなりに何かを諦めて生きてきた僕としては、貧乏でも夢を追いかけていればいいと言い切る二人が眩し過ぎて、揶揄したくなったのかもしれない。

自分のことを少し書くと、二八歳の時に一本の商業映画の監督をした。学生時代に自主映画を作っていた仲間と、映画を撮影するためにロケ地に決めた九州の天草市に移住して脚本を書いたり、セットを作るために神社を自分たちで解体したり、とにかくお金なんてなくても映画に集中できれば幸せで、その勢いが多くの人を巻き込み、資金が集まり、結果的に周りの人間よりもいち早く劇場デビューすることができた。その頃僕は、貧乏はまったく苦ではなかった。それよりも作りたい映画に没頭することが人生のすべてだった。ところが、その映画はヒットせず、それきり監督のお呼びがかかることはなくなった。それから八年、ようやくもう一本の作品を完成させ映画祭にも出品したが、まだ劇場公開が決まらず、生活するためにテレビドキュメンタリーの仕事をしている時に、米澤と出会った。

だから、みな子さんの真っ直ぐな眼差しは我が身にこたえた。

米澤の「チャンピオンになります」という言葉は、刺さった。

常識的に考えれば、三六歳三ヶ月でやっとA級ボクサーになれた男が残り九ヶ月の間にチャンピオンになる可能性はほとんどないと思う。一番わかっているのは、米澤なのかもしれない。でもその「常識」とはいったいなんなのか。いつから僕は、そんな枠を想定するようになってしまったのか。そんなふうに生き始めてしまったのか。

いつの間にか、米澤の闘う道を自分に置き換え始めていた。

その夜どうやって別れたのか覚えていない。

## 10

米澤はタイから帰国後、ウェイトトレーニングや朝のランニングはすぐに再開したが、ジムに復帰したのは一週間後だった。

久しぶりに顔を出した米澤に、仲間たちが「おめでとうございます」と温かい言葉をかける。普段、ジムでは寡黙な米澤も、この日ばかりはタイの自慢話を皆に披露する。トレーナーの小林も、練習を再開した姿を見てうれしそうだ。

「ゆっくり休めたか?」

「はい。仕事は相変わらずですけど」

「まあ、それは仕方ないよなあ」

米澤は練習用バンデージをゆっくりと巻き終わり、大きく息を吸い込んだ。久しぶりのジムの空気をもう一度体にしみ込ませ、次の自分へ向かう準備なのだろうか。道のりはまだまだ遠いが、また始まる。

いつものように、イラン式体操、シャドー、ミット打ちと定番の練習メニューをこなしていった。目新しいものは特になく、そろそろカメラを止めて外で煙草でも吸っていようかと思った時だった。

米澤が腰の辺りをやけに気にしながら、体を動かしている。今日は練習初日でそれほどキツいはずはないのだが、大粒の汗をかき、前屈みになったり、逆に大きく反らせたかと思えば、足を強く床に叩き付けたりしている。なかなかボクシングに集中できていないようだった。

帰り道、僕は米澤に聞いてみた。

「何か体の調子が悪そうだけど、気のせい?」

米澤は苦笑いした。

「わかります?」

「いや、なんとなく腰を気にしてるなあって思ったんで」

「まあ……ちょっと腰の調子がおかしくて」

「腰が悪いんですか?」

「腰が悪くて、そこから足に痺れが来るんです。まあでも、大丈夫ですよ。いつものことですから」

そう軽く言ってのける米澤であるが、翌日、接骨院に行くという。撮影を願い出ると、渋々うなずいた。

二〇一三年二月一六日。米澤の言葉とは裏腹に、症状は軽くはなさそうだった。接骨院に入ると、鍼灸師《しんきゅうし》がすぐにマッサージを始め、米澤に状況を確認する。

「練習は、今は？」

「今日は普通に、朝少し汗かいて、サンドバッグ叩いて……でもちょっと動いてて張ってるなあって、自覚した感じです……」

苦しそうに答える米澤の話を聞きながら、マッサージを続ける鍼灸師の顔がだんだん強ばってくる。状態はかなり悪そうだ。また、その口振りから察するに、米澤がここに来たのは、はじめてではない。久しぶりでもなく、試合前から密かに通っていたような節がある。

今どんな状態なのか。ディレクターとして当然の質問を投げかけると、その鍼灸師は困ったように本人に確認を取る。

「言っていいんですか？」

うつぶせになった米澤から答えが返ってこない。

テレビ番組で腰の状態が放映され、関係者に広まってしまえば、今後の闘いに不利になる。二人が神経質になるのも仕方がない。

「言える範囲でいいです」

僕が食い下がると、米澤が「いいっすよ。別に」と、半分投げやりな口調で了承し、鍼灸師も本人がいいと言うならと、重い口を開いた。

「状態としてはよくないですね、今は」

「なぜ、突然？」

「米澤さんは、仕事が不規則ですから。夜勤明けとか、やっぱり体が硬くなってるし」

帰国後すぐに夜勤仕事が始まっていた。あの寒い部屋で眠る日々が腰に負担になっていたのだろうか。

「今、悪くなったわけではないんですか？」

「いや……」

返答に困る鍼灸師の代わりに米澤が答える。

「前からです。もう、本当にしょうがないなって感じですね、こればっかりは……。何かちょっとでもよいっていうストレッチや治療法があったらやってみるけど、だからといって治るわけでもないし」

「治らないんですか？」

「……それに関しては、秘密でお願いします」

それきり話は終わり、撮影は中止となった。

外で待つこと一時間半。ようやく米澤が接骨院から出てきた。

「大丈夫ですか?」

「だいぶ、楽になりました」

その帰り道、米澤の腰の病気について話し合った結果、テレビで病名を放送するのは止めてほしいと言われ、僕は了承した。

腰の状態はそれほど深刻なものだった。すべてが終わった今だからこそ、公表できる。

《脊柱管狭窄症《せきちゅうかんきょうさくしょう》》これが正式な病名だった。

腰の痛みはそれほどでもないが、背骨を貫く脊柱管の一部が狭まり、太腿につながる神経系統を圧迫しているため、足に痺れが来て、力が入らなくなる。悪化すれば、歩行困難にさえ陥る難病だ。一般的には加齢によって腰が曲がった高齢者に多い病気であり、三〇代半ばの人間が罹るものではない。しかし、ミドル級というハードパンチャーのひしめく重量級で、たった四年の間に一四戦、毎回激しい打ち合いを続けてきたボクサーの体は想像以上に蝕まれていた。

普段はなんともないのだが、激しい運動を長時間続けるとその症状は一気に現れ、下半身に力を失い、結果、体重を乗せたパンチが打てなくなってしまう。完治の可能性は手術にしかないが、身体にメスを入れてしまえば、数ヶ月は練習ができない。タイムリミットまで八ヶ月しかない米澤にとって、その選択肢はあり得なかった。鍼治療やマッサージを繰り返し、痛み止めを飲むことで、うまく付き合っていくしかない。

接骨院の帰り道、腰の話をしながら、米澤の感情は昂っていった。最悪の事態を迎えたのは、二ヶ月半ほど前、一二月の試合だったという。足に力が入らず、惨敗。引退さえ考えた。

「もう、自分が情けないのプラス、トレーナーに申し訳ないなって。こんなに一生懸命指導してくれてるのに言われたことができない自分が情けなくて、申し訳ない気持ちがあって、ビルから飛び降りて怪我でもして、なんかすべてがなくなったら、楽だなあとか……」

米澤は、腰の病気の詳細をトレーナーの小林や有吉会長に伝えていなかった。挑戦を途中で止められることを怖れたのだ。

小林は指導しながら、なぜ、力のあるパンチが打てなくなるのか、苛立った。なぜ、このボクサーは前にできたことがすぐにできなくなるのか、我慢ならなかった。誰にも相談できない米澤は追い込まれ、ビルから身を投げ、死なないまでも大怪我をして選手生命を絶つことまで考えた。単純に「やめる」ことができないのは、周囲の期待を自ら断ち切れない米澤の〝人のよさ〟だった。

## 11

ほどなくして、米澤の次の試合が決まった。

日時は、前回の試合からおよそ二ヶ月半後の四月二二日。相手はいきなり日本ミドル級ランキング三位、福山和徹《ふくやまかずゆき》という強敵だ。

A級ライセンスを取得したばかりのボクサーには重過ぎる相手のように思えたが、本気でチャンピオンを目指すならば、いまこのレベルの相手を倒せなければ、チャンスはない。有吉会長は、バンコクの試合直後から次の対戦相手となる日本ランカーを探し始め、マッチメイクに成功した。

大分の冷研鶴崎ジムに所属する福山和徹は、三年前の二〇一〇年に全日本新人王に輝いて以来、一度も負けていない三一歳だ。ボクサーとしては経験と体力が充実する一番脂がのった時期といえる。福山の前回の試合は、二〇一二年七月。半年以上時間が空いているが、大分という地方都市にいて選手が少ないミドル級という重量級ならば仕方のないことだ。これ以上、試合間隔を空けたくない福山サイドの思いと、できるだけ早く試合を組みたかった米澤サイドの思いが合致し、いきなり日本ランキング上位の相手とマッチメイクが成立したのだ。戦績や実力で言えば米澤が敵う相手ではない。福山からすれば、実戦感覚を鈍らせないための練習程度にしか考えていないだろう。

米澤はトレーナーの小林から一枚のＤＶＤを差し出された。表には、《福山和徹映像》と書かれている。渡しながら小林は言う。

「長いストレート系のパンチも出せるし、離れたら勝負になんないから」

小林によると、福山は足を使って距離をとる典型的なアウトボクサーで、速い足で動き回りながら繰り出される多様なパンチは上手くて速い。前へ出て打ち合うファイタータイプの米澤とは真反対のボクサーだ。

「ちゃんと見ろよ」

冗談めかして笑う小林だが、米澤が相手の資料映像をいつも見ようとしないのを知っている。ＤＶＤプレイヤーの調子がよくないとか、時間がなかなか取れないとか米澤なりの言い訳をする。だから毎試合、小林は二人で話し合って作戦を決めるのではなく、一人で考える。

その日の練習が一段落し、ジムの外でひとり煙草を吸っている小林に話しかけてみた。

「どういう作戦を考えているんですか？」

「これって試合前に（テレビで）流れる可能性ありますか？」

「それはないです。試合後の放送です」

しばらく考えた小林は口を開く。

「……上手い選手って、接近すると上手さを発揮できないんで。それは米澤の土俵ですから。米澤の土俵であれば、勝てると思う。というか、勝ちますよね、普通に」

米澤の得意な接近戦ができれば勝てる。そう言ってのける小林の強気は、ある意味当たり前と言える。トレーナーという職業は、「勝てる」という気持ちをボクサーに植え付けるのが仕事だからだ。そういう意味では小林の強気をそのまま鵜呑みにしてはいけない。ただ米澤がこれまで闘ってきたB級ボクサーとは桁違いに強い日本ランキング三位を相手に、小林の考える《米澤流超接近戦》ができなければ、勝ち目はないということは事実なのだろう。

この日も、練習後の五キロウォークを一緒に歩いた。次の試合が決まり、その心境を聞こうと思ったのだ。しかし、言葉数は少なく、表情も心なしか暗い。相手が日本ランキング三位というのがプレッシャーなのか。腰の状態が悪いのか。

しばらく黙って歩いていたら、ぼそぼそと話し出す。

「こないだ左之介《さのすけ》が負けたんですよ。あの野郎、勝手に負けやがって……なんかあっさり負けるような気がしたんすよね……」

米澤が話す左之介とは、第五六代日本ミドル級チャンピオン、佐々木《ささき》左之介のことである。聞けば、この二四歳の若き王者とは奇妙な因縁があり、米澤のようなボクサーがチャンピオンを目指そうと思える一つの《よすが》だった。

はじめて拳を交えたのは、米澤のプロデビュー三戦目の二〇一〇年六月三〇日。二戦目ではじめて勝利を飾り、その勢いで一気に勝ち進めようと挑んだ三戦目だった。当時、相手の佐々木左之介も、三ヶ月前にデビューしたばかりの二戦目。無名の四回戦ボーイ同士の闘いだった。

試合は佐々木の二ラウンドTKO勝利であっさり終わる。

そんな両者が再びぶつかることになったのは、東日本新人王決勝戦という大舞台だった。米澤の一回戦はドロー判定だったが、トーナメントの特別ルールに救われ、勝ちを拾い、準決勝でもまさかの判定勝利。高齢の新人ボクサーが決勝まで行ってしまったのだ。

この時開かれた記者会見で、一一歳年下の佐々木が「三〇過ぎのオッサンには絶対に負けません」と挑発し、メディアは大いに盛り上がる。二ラウンドTKOで一度勝った相手だからこその余裕だった。それを聞いた米澤は「自分から三〇過ぎとは言えなかったのでおいしい発言ありがとう」と大人の対応で、会見は締めくくられた。

翌日のスポーツ紙は米澤を《三五歳の新人王》と書き立て、その試合は俄然注目を浴びた。

二〇一一年一一月三日、新人王決勝戦が始まった。

一ラウンド、いきなり米澤の右フックが決まり、佐々木の足元がふらつく。しかし、ロープに助けられ難を逃れると、二ラウンドから佐々木の逆襲が始まった。得意の右ストレート、左フックが思うように決まり、二四歳の若き新星が三五歳のロートルボクサーを追い込んでいくという予想通りの展開になった。しかし、米澤は年齢にそぐわぬスタミナを見せ、粘る。打たれても打たれても決して逃げないその根性は大いに会場を沸かせた。結果、〇－三判定で米澤が敗れたが、その闘いぶりは多くのボクシングファンの心をつかんだ。

他方、佐々木の快進撃は止まらない。米澤に勝った後、そのまま西日本新人王との統一王座決定戦にもKO勝利を飾り、全日本新人王のタイトルを獲得する。当然、すぐに日本ランキングに名を連ね、C級四回戦ボーイの米澤からは遠い存在となり、ここで二人の闘いは終わるはずだった。

しかし、なんの運命なのか、三度目の対戦の機会が訪れる。

二〇一二年四月。亀田《かめだ》兄弟の世界タイトルマッチの前座、横浜アリーナという大会場だった。たまたまスケジュールが合う相手が米澤しかいなかったという理由らしいが、前回の試合を見た興行関係者がこの二人ならば客が盛り上がると考えたのかもしれない。

この時は、米澤がB級ライセンスを獲得し、はじめて六ラウンドを闘うことになったのであるが、二人はさらに接戦を演じた。横浜アリーナの五〇〇〇人が沸き、勝負はまたしても判定に持ち込まれ、米澤は一－二の僅差で敗れてしまう。

三回にも及ぶ二人の闘いは、二ラウンドTKO負け、〇－三の判定負け、一－二の判定負け、と米澤が三連敗はしているものの徐々に実力差が近づいている印象がある。

そして、佐々木はさらなる飛躍を遂げる。二〇一二年一〇月八日、四階級制覇を成し遂げていた伝説の日本チャンピオン、湯場忠志《ゆばただし》から大金星をあげ、第五六代日本ミドル級王座に輝いてしまったのだ。

米澤は、ライバルの大躍進を悔しがるどころか大いに喜んだ。六勝六敗二分けという平凡な戦績の米澤が日本チャンピオンに可能性を感じられたのは、あと少しで倒せたという実感のある佐々木左之介がその頂きに立てたからだった。

だが、米澤がバンコクで勝利し、ようやくA級ライセンスを獲得した直後に、その佐々木左之介がミドル級一位の胡朋宏《えびすともひろ》選手に六ラウンドのTKO負けを喫し、あっさり王座から陥落してしまう。戦評にもはっきり力の差があったとある。

「次やれば勝てたと思うんすよね……ちくしょう……単純にガードを固めるんじゃなくて……フェイント入れて距離詰めてって考えてたんすよね……」

米澤が落ち込むのも仕方なかった。現実は厳しい。やはり日本チャンピオンなど夢のまた夢なのかもしれない。福山との試合が決まり、これから気合いを入れるべき時間なのに、米澤は早くも自信喪失の危機に陥っていた。

次の対戦相手、福山和徹の資料DVDを渡されてから二週間ほどして、米澤から「今日、見る」という連絡が入った。もし、部屋で見たり作戦を考えたりすることがあれば、撮影させてくれないかとお願いしていたのだ。「いつ見るかわからないですよ」つまり見ないかもしれないということなのだが、ようやく決心がついたのだろう。

すると、資料を見るのは、部屋ではなく近所の喫茶店にしてほしいと言ってきた。

「部屋で見ると、ぎゅーっとなっちゃってよくないんで、外で見ようかと思って」

そして待ち合わせたのはアパートから徒歩一分のところにある純喫茶「ミカドコーヒー」だった。聞けば、毎週日曜日の朝、みな子さんとモーニングを食べる店らしく、ここだとリラックスして考えられるとのことだった。

ボクサーにとって（いや米澤だけかもしれないが）対戦相手の姿を見ることはこんなにも大ごとなのかと驚きながら「研究」を見守った。

資料によると、福山の身長は米澤よりも六センチ高い一八六センチ。当然リーチも長い。映像を見ながら米澤は表情一つ変えないが、対戦相手の東日本新人王が福山のスピードにまったくついていけていない。福山は軽いフットワークと切れのあるパンチで完全に相手を翻弄している。パンチ力も相当ありそうだ。相手が止まったと見るや、猛ラッシュを仕掛け、相手の顔がみるみる腫れ上がっていく。結局、福山が一ラウンドも落とすことなく、フルマーク三－〇の判定勝利を収めていた。

トレーナーの小林の言う通り、距離をとられたらまず米澤のパンチは相手に届かない。他方、相手のパンチは余裕で届くという悪循環にはまるだろう。大分に拠点を構え、年に一、二回しか試合ができない環境にある日本ランク三位が選ぶのは、おそらく確実性。勢いで来ない分、米澤がＫＯされる可能性は少ないかもしれないが、正確にパンチを入れられ、ポイントは取られていくだろう。

米澤なりの作戦はあるのか？

「いやあ、それは内緒です」

ただ黙って、食い入るようにパソコンの画面を見つめていた。

そんな米澤が、メンタルトレーニングに通っているという話を聞いたのはその頃だった。メンタルトレーニングと聞かされて、つい怪しい場所を予想してしまった僕を米澤は否定する。

「全然、そんなんじゃなくて、要は集中力を高めていくトレーニングというか、そういう指導をしてくれるんですよ。プロスポーツ選手も結構通っている所で、その先生は、理論的に集中力の高め方を教えてくれるんです」

その日、米澤が向かったのは、山手線のとある駅のそばにある古いマンションの一室だった。チャイムを鳴らすと、現れたのは、びしっとスーツを着こなしたエリートサラリーマン風の男性だった。どうやら先生のようだ。平安時代の公家のような瓜実顔に細い目。ジェルできっちり髪を固め、何かに動じることなど決してないような高貴な雰囲気を漂わせていた。米澤に親しげに話しかけ友達のような雰囲気を醸し出そうとしているが、目が笑っていないので、なんとなく不安感をあおられる。けれど、米澤は全幅の信頼を寄せているのか、会えたこと自体、うれしいようだった。

そんな浮世ばなれした様子に圧倒されながら通されたのは、一〇畳ほどの貧相なワンルームで、そのギャップに驚いた。部屋の奥の窓際に、先生の事務机が一つあり、その手前には六〇インチはあろうかという大きなテレビと、大きな会議机があるだけの簡素な部屋だった。隅に置かれた本棚には、先生の『ここ一番に強い自分は〇〇〇』というタイトルの著書がいくつも並べられている。《一四七〇円（税込）》という張り紙が添えられているのでここでも買えるらしい。他のスタッフなど誰もおらず、先生自らが米澤に紙パックの紅茶を淹れていた。

一時間六〇〇〇円のメンタルトレーニングはそろりと始まった。

まずは、「最近どう？」といった挨拶代わりの質問を先生がし、米澤が現在の状況を話す。先生はそれを受けて、さも気の利いたアドバイスを送ってくれるのかと思いきや、「まあそれはしょうがないよね」「だいぶ、いいんじゃないですか？」「後は、しっかり試合に向けて準備をしていけば大丈夫ですよ」こんな誰にもできそうな返答しかしない。いつもの饒舌な米澤は、促されるままペラペラと話しまくる。会話の九〇パーセントは米澤の独演会だ。これでお金を払うのがそもそも納得いかない。いつも僕と米澤の間で交わされる会話となんら変わりがないからだ。

三〇分ほど米澤が思いの丈を話した後、「そろそろやりますか」と先生は米澤の額にバンドを巻き付ける。バンドには赤や青のコードがいくつも取り付けてあって、机に置かれたノートパソコンに繋がれている。米澤の指先にもコードを取り付けて、それもまたパソコンに接続する。

大きなテレビにスイッチが入れられる。すると、たくさんの数字とグラフのようなものが画面に現れる。これは米澤の前頭葉にどれだけ血が集まっているかの数値と、指からとった脈拍数なのだという。前頭葉の数字が上がっているのは、集中力の高まりを意味する。脈拍の上がりは精神の乱れを意味するので、できるだけ低い方がいいらしい。

「じゃあ、はい！」

先生の掛け声とともに、米澤は目を瞑る。

トレーニングの第二ラウンドが始まった。

しばらくすると、前頭葉の数値が微妙に上がっていく。

「いいよ、いいよ。その調子」

同時に、脈拍数も上がっていく。

「ゆっくり呼吸して」

米澤は試合のイメージなどをしているのだろうか。じっと動かずに、一点に向かっている様子だ。

「はい、いい感じです。この感じを続けて」

先生は変動する数字を見ながら、指示を続けている。

ホームページには、このメンタルトレーニングについてこんな説明書きがある。

**「考えないで、感じる」をトレーニングできる最善の方法です。**

心拍数・筋緊張・脳血流・脳波などを、センサーからパソコンに読み取り、リアルタイムで本人にフィードバックすることによって、自分の心と体の状態を正しく理解し、望ましい方向に修正するためのメンタルトレーニングです。

この訓練を続けていけば、アスリートはいわゆる《ゾーン》と呼ばれる極度の集中状態に意識的に持っていくことができるとある。これにどれだけ真実味があるのか、僕にはよくわからないが、米澤はデビュー戦でKO負けして以来、ここへ通い始めた。もう四年近く月に一回ほどのペースで相談に乗ってもらっている。一回、一時間六〇〇〇円を払い続けるのは、米澤の収入からすればかなりの負担になっているとは思うのだが、試合に負けたり、怪我をしたり、練習がうまくいかないアスリートは自分が変わるためならなんでもしたいし、藁にもすがる思いがあるのだろう。その切実さは僕のようなプロスポーツをやっていない人間にはなかなか理解できないが、事実、米澤はここを頼りにして日々ボクシングを続けている。

「はい。ここまでです」

二〇分くらいでそのトレーニングは終わった。

「いいんじゃない？　途中、ちょっと乱れてたけど、普通の人よりは全然いい数字出てるよ」

「ありがとうございます」

ほっとした顔で、額に取り付けたバンドを外し、金額を払う。その表情は来る前よりも明らかに安心感に満ちている。この先生のどこにそんな力があるのか、最後まで見てもやっぱりわからなかったが、不安しかない米澤の気持ちが少しでも和らぐならば、六〇〇〇円など安いと思った。

## 12

二〇一三年の桜は開花予想よりもずいぶん早く咲き、四月一日の時点でもう満開だった。高田馬場の近くを流れる神田川は桜の名所の一つで、花見客で沸き返っている。この日は、米澤の次の試合までちょうど三週間。連日スパーリングを重ねていると聞き、久しぶりにジムを訪れることにした。

ガラス戸を押し開けると、相変わらずこのジムの中は外の華やぎとはかけはなれた異世界が広がる。エクササイズとは思えないほど、必死に汗をかく大きな眼鏡をかけた中年おじさん。貧乏で買えなかったボクシングシューズをはじめて手にして喜ぶ二一歳。給食のおばちゃんをやりながら、この日も誰とも話さず黙々とサンドバッグを打ち続ける三〇歳女子世界チャンピオン。背中の入れ墨を理由に他のジムを断られ、青木ジムに流れ着いた二四歳。東大出身の負けが込んだプロボクサー三一歳。ちなみに彼は弁護士という職を持つ。

なぜ、皆ボクシングをやるのか、一人一人の人生を想像するだけで、少しも飽きることがない。僕は米澤のことしか知らないが、皆それぞれの物語の中で闘いを続けているのだと思うと、この青木ジムがとても大事な場所に思えてしまう。僕もいつの間にかどっぷりボクシングの魅力にはまってしまったのかもしれない。

そんなよしなしごとを考えながら、米澤が現れるのを待っていたが、なかなか顔を出さない。米澤のスパーリングの予定時刻は夜八時半。一〇分前になり、相手はすでに準備を済ませているが、肝心の本人が見当たらない。

「ギリギリに来ますよ」

トレーナーの小林によると、最近、直前まで仕事をしていることが多いのだという。

すると、予定時刻ちょうどに米澤が駆け込んできた。

「すみません。仕事が長引いちゃって」

走ってきたのか、もう汗をかいている。遅刻を人生で二度しかしていない米澤がここまでバタバタになるというのはよっぽど業務にも追い詰められているのだろうと想像する。慌てて着替えを済ませ、ウォーミングアップもそこそこにリングへ上がった。ヘッドギアを着けているとはいえ、四ラウンドのれっきとした試合だ。こんなやっつけな準備で大丈夫なのだろうか。

一ラウンドを終えた時、明らかに疲れ切っているのがわかった。すると二ラウンド早々に米澤の動きが止まった。なぜか、得意の接近戦をしようとしない。距離があれば、米澤にできることはなく、相手のいいように打たれていく。

「何もやってねえじゃねえか！」

小林の怒号が飛ぶ。有吉会長の表情も回を追うたびに厳しくなっていく。

次の対戦相手、福山和徹は完全なるアウトボクサーだ。足でかき回して距離を作り、隙を見て強烈なパンチを叩きこんでくるスタイルだ。

幸運にもこの日のスパーリング相手はまさにそのタイプで格好の練習相手なのに、米澤は距離を詰める自分のボクシングをしようとしない。しかもA級ボクサーですらない相手に翻弄され続ける。これが本番だと考えれば勝負にならない。

「ストップ！」

トレーナーの判断で、スパーリングは三ラウンド途中で打ち切られた。これ以上やっても意味はない。

「自分の問題だよ！」

こんなに怒りを露にする小林を見るのははじめてだった。

「なんでそんないきなり、集中力切らすんだ、お前は」

「はい……」

「何したいんだ？　いきなり滅茶苦茶になって。なんで一ラウンド目の集中力を保たない？　あんなじゃ、八回できないよ」

吐き捨てるように言い放ち、小林は外へ出て行った。残された米澤にかける言葉もなかった。

ジムの外にはイライラと煙草を吹かす小林がいた。

「もうはっきり言葉悪く言えば、ボクサーとして頭あんまりよくない。せっかく自分のいいボクシング、勝てるボクシングを持っているのに、それをもうちょっと煮詰めてやるっていう気持ちがないんですよね。もっと自信持ったらいいのに。なんで自信ないんですかね」

話しながら小林の怒りは収まらなかった。《超接近戦》を磨き上げるしか勝機はない。それがわかっていてなぜやろうとしないのか。なぜ自分のボクシングが揺らぐのか。自信が持てないのか。

ジムの中に戻ると、米澤はまだ下を向いている。汗なのか、涙なのか、その頬には伝うものがあった。

ずっと自信の持てない人生だった。

小学生の頃、同級生に誘われ野球チームに入ったが、バットにボールが当たらず、やめてしまった。いまだその傷を引きずっているのか、地元の柏に帰っても会う友人はいない。

中学から大学卒業後も就職をしないで続けたレスリングは、肩の脱臼が元で挫折。青春すべてを賭けたものが砕け散った。

二〇代半ば。契約社員として働くコールセンターでの仕事が面白くなってきた時期もあったが、レスリングの経験を無駄に終わらせたくない、そのしこりはどこかに残っていた。

二六歳で総合格闘技の門を叩くが、そこでもやはり、たいした成績を残せず中途半端に投げ出してしまった。

そして三〇歳を過ぎて始めたボクシングもいまだめざましい成績は出せていない。

米澤に自信を持てと言う方が間違っているのかもしれない。

けれど、その自信のなさは、幼い頃の記憶にあるのではと米澤は言う。

「まあ、こういうこと言うのは、すごく恥ずかしい話かもしれないですけど、うちの親父が、褒めない親だったんですよ。例えばテストで九〇点取ってきた。そうしたら普通だったら『九〇点頑張ったね。次は一〇〇点目指そうね』っていうふうに言うのを、『なんでお前九〇点だったんだ』って。ずーっと結局、怒られて怒られて、育ってて……なんか自分に自信が持てない時があるし……」

高校のレスリング時代。試合に負けると、すぐに家に帰ってこられなかった。わざと遠回りの電車に乗って時間を潰し、父親に会わないようこっそり部屋に戻った。息子が格闘技に向いているとは思えなかった父親は、レスリングをやるために高校に入った米澤のことを冷ややかに見ていた。大学のスポーツ推薦入試を受ける際、身元引受人になることさえ拒んだという。

この日は練習が終わると、そのまま職場に戻っていった。スパーリングの間だけ仕事を抜け、その後は朝までの夜勤だった。

別れ際、念のために確認をした。

「何時に終わるんですか？」

「……わからないです。六時か七時か……そんな感じです」

「じゃあ、朝、沼袋で待ってます」

米澤は返事をすることもなく、会社のドアを開けた。

翌朝七時。仕事を終えた米澤がふらふらと沼袋の坂道を歩いてきた。この日の朝は気温が一五度近くあり、決して寒くはないはずなのに、赤いジャケットを着こんだ米澤は震えていた。

「夜勤、今日で何日目？」

「月、火、水……三日、四日目？　なんか自分でもよくわからなくなってきて……キツいっす……」

米澤によると、夜勤がしばらく続くと時間の感覚が失われるのだという。ドトールで寝たり、家に帰れる時間があれば家で寝たり、会社のサーバー室で寝たり、寝る場所も時間も滅茶苦茶なので、いつが昼で夜なのか、いつ日が変わったのか、わからなくなっていく。本来ならば、いま最も体を追い込む時期に差し掛かっているので、できるだけ休まなければならないのだが、その時間がない。

この日も、六時間後には練習に向かうため、ほとんど眠る時間がない。家に着くと、彼女のみな子さんが、出勤の支度に追われていた。

「ただいま」

「おかえり」

「もう……出かける？」

「もうちょっとしたら出る」

「歩き？」

「歩いて行こうかなと思って」

「そう……」

たわいもない会話だが、唯一心休まる時間に僕は思えた。米澤にとって、自分の夢を無条件で応援してくれる彼女が、心の支えだ。しかし、その時間は短い。みな子さんは七時半には家を出る。

「じゃあ、行ってくるね」

「行ってらっしゃい……じゃあ気を付けて。頑張って、今日も」

「うん、ありがとう」

ようやく眠りにつける時間。米澤には布団にもぐりこむシーンを撮ったら帰ることは告げていた。しかし米澤は、だらだらとスマートフォンをいじっていて、なかなか寝床に入らない。もう八時を回った。五時間後には、ロードワークに出るはずだ。

「寝なくて大丈夫なんですか?」

「あまりよくないだろう……よくないなあとは思うんですけど、眠くないんで。もうだるいんだかなんだか、よくわからない感じです」

スマートフォンを見つめる米澤は無表情だった。ジムで体をギリギリまでいじめ抜き、そのまま朝六時まで働いても眠れない異常事態を他人事のように話す。

「薬局で睡眠導入剤みたいなの買って飲んだんですけど、変わんないっすね……」

「病院は?」

「まあ、ちょっとは考えましたけど、さすがにそれは……ないかな……」

「……まあ、眠れなくても、とりあえず横にならないと」

僕にはこんな当たり前の言葉しか言えなかった。

「そうっすね」と答える米澤は、しかし動かない。

「いつの間にか眠れるかもしれないし」

「わかってます」

こんなやりとりを繰り返し、ようやく布団に入った米澤を見届け、僕は部屋を出た。

勝ち負け以前に、この精神状態で果たして試合までたどり着けるのか。僕は暗い気分で満開の桜並木の下を歩いて帰った。

そして悪い予感は的中した。

三日後、日勤を終えた米澤は夕方六時にジムに現れた。いつものように準備体操を始めたが様子がおかしい。サンドバッグの陰に隠れ、拳で何度も太腿を叩いていた。きっと足に痺れが出始めているのだろう。米澤の腰の病気、脊柱管狭窄症の典型的な症状だ。これがひどくなると歩行困難に陥り、ボクシングどころではなくなる。思わず声をかけても、「全然、大丈夫です」と明らかにトレーナーや会長の目を意識した答えが返ってくる。状態の悪さを知られたくないのだ。

トレーナーの小林は、パンチの弱さを怒鳴る。

「スタミナの問題だろう、それは足の問題じゃなくて」

「すいません」

真っ青な顔で、米澤は四ラウンドのミット打ちを続けた。けれど、意志の力ではどうにもならない限界が近づいていた。

「はい、ＯＫ！」

ミット打ちが終わった瞬間、米澤はもんどりうってマットに転がった。そしてこれまで一度も聞いたことのない言葉を吐いた。

「痛い……」

小林も驚いていた。

「痺れる?」

「ちょっと痛みが……痛いっす……」

懸命に起き上がろうとするが、立つことさえままならない。しばらく荒い息を吐きながら、マットの上で動けない。

こんな状態で試合まで三週間を切っている。しかもA級ライセンスを取ったばかりの米澤にとって八ラウンドという長丁場ははじめての経験だ。まともな試合になるはずがない。僕は取材者という立場を忘れて、有吉会長に直談判した。

「試合の延期なんかは」

その瞬間、有吉会長の表情は強ばり、こちらの質問を遮《さえぎ》った。

「それはできないんで。プロだからそれに合わせてやってもらうしかない」

素人が口を出すなと言わんばかりの勢いだった。いつもの柔和さは消え、怒りを帯びた鋭い眼差しがこちらの甘い考えを絶対的に否定していた。僕がその強さに言葉を継げないでいると、

「まあ、みんなどっかしら、怪我というのは……大小あるとは思うんで。そこは我慢してやってもらうしかないですね」

言い方を優しく変えたが、中身は同じだった。

米澤はその夜、接骨院の緊急治療を受けた。

翌日には、病院の整形外科に向かっていた。

僕は、その病院取材を希望したが、撮影できたのはたった一分。医者と話をしたいからと追い出された。

一時間後に病院から出てきた米澤は「だいぶ楽になりました」と言うばかりで、ことの詳細を語ろうとしない。

この日も、練習に行くと言った。

## 13

試合まで一五日となった日曜日。午前八時。

朝のロードワークを終えた米澤がみな子さんと、僕が待つアパート近くの公園に現れた。この日は二人で朝食を食べにいくというから、無理を言って撮影をお願いしたのだ。

米澤の心理状態に関して、もう僕にはわからなくなっていた。僕が何かを聞いても、心ここにあらずで気持ちに蓋《ふた》をしたような言葉しか返ってこない。僕に米澤を励ますことはできない。せめてみな子さんがいれば、空気が変わるかもしれない。僕なりに祈るような気持ちでこの朝を迎えた。

「おはようございます」

普通に挨拶は交わしたが、米澤はやはり無表情だった。そんな米澤の感情を知ってか知らずか、みな子さんが突然走り出した。向かった先は公園にたむろする鳩の群れ。驚いた鳩はばたばたと飛んで逃げていく。

僕があっけにとられていると、「やりたくなりません？　ちょっとこう、いっぱいいると」とみな子さんは笑う。深刻な米澤のすぐ隣で天真爛漫《てんしんらんまん》に振る舞っている。もう少し暗い調子で二人と話さなければならないと思っていた僕は面食らった。

その後、二人が入っていったのは、福山選手のＤＶＤを見たあの喫茶店だ。ここで日曜の朝、ゆっくり五八〇円のモーニングセットを食べるのが、このカップルの習わしなのだ。

運ばれてきたのは、ツナサンドとゆで卵とサラダとスープ。米澤はものの二分もかからず食べてしまった。コーヒーは飲んだが、コップの水には触りもしない。みな子さんはゆで卵を食べないで、黙って米澤にあげる。これも二人の習わしなのだろう。普段厳しい食事制限をしている米澤にとって、この当たり前の朝食がどれだけ貴いものか。「旨い」の一言もなかったが、僕には十分伝わってきた。

米澤はみな子さんに告げる。

「今週で最後かな。これでほんとに最後かなって」

「食べるの？」

「うん」

試合まで、あと一五日。これから本格的な減量が始まるため、まともな食事もこれが最後だった。

食事が終わると米澤は手紙を書き始めた。手元を覗いてみると、今度の試合のチケットを買ってほしいと自筆で書き、チラシを同封している。本当に厳しい話だが、プロボクサーと言えど、米澤のファイトマネーは米澤本人がチケットをどれだけさばけるかに比例する。次の相手の福山和徹は、大分のボクサーであり、こちらが呼び寄せたからには交通費やホテル代を青木ジム側が負担する義務がある。そのため、余裕のない青木ジムは米澤に十分な給料が払えないのだ。米澤自身が知り合いに売った分がプラスアルファの収入になる。しかし、プロボクシングは伝統的にチケット代が高額なのが大きなネックだった。安い席で三〇〇〇円。これは割当が少なくすぐに売り切れる。一番高いリングサイドで一万円。これはまず売れない。そして普通の席で五〇〇〇円だが、そのチケットも買ってくれる人がなかなか見つからない。デビュー当時は友人たちが興味本位で試合を見に来てくれたが、たいした戦績も上げられず、試合数を重ねれば重ねるほど、チケットが売れなくなってきた。

米澤が一通一通、手書きで言葉を連ねているのは、なんとか買ってほしいという気持ちだった。このドキュメンタリー番組の出演を決めたのは、少しでもチケットがさばければという切羽詰まった理由もあった。

手紙をしたためながら、胃に食べ物が入った米澤は、眠そうに大きなあくびをする。

「……また夜、昨日寝れなくて……布団に入って一時間くらいで起きちゃったよね……なんか感覚が麻痺してんじゃねえかな。だって、疲れてるのに寝れないの、おかしいでしょ？　あんなハードなことしてさ。だんだん練習量足りねえんじゃねえかって思うようになってきた。寝れないのはさ」

「大丈夫？　米澤さん？」

心配そうにみな子さんが語りかける。

「ホントに寝れないのは、なんとかしてあげたいけど、してあげられないもんね」

「しょうがない……」

連日連夜、不眠に苦しみ、食事も共にできないボクサーと六畳一間で顔を突き合わせながら暮らす同居人には相当な心労があると思うのだが、みな子さんは僕の心配を一蹴する。

「全然つらくないです。私が深刻に受け止めちゃうと、本人もできなくなっちゃうと思うんで……。ボクシングが今は仕事じゃないですか？　本人が『こうしたい』『ああしたい』って言ったことを応援することしか、できないっていうか。たぶん、それをすべきなんだろうなあと思うんで」

「やめてほしいという気持ちはない？」

「やめてっていうのはないですね」

自分のことを真剣に話すみな子さんに照れたのか、米澤は茶々を入れる。

「ありがとうございます。ありがとうございます」

「おちょくってんのか、こいつは？」とみな子さん。

「いや、こういう選挙のスピーチあったなあって思って……」

米澤からは思わず笑みがこぼれている。

手紙を書き続ける米澤に、みな子さんが「何か手伝わせてよー、暇だから！」と便せんを奪い取り、「大丈夫だから、静かにしててよ」と奪い返した米澤がまた笑う。

僕はこの日、米澤が笑うとは思っていなかった。状況を考えれば、笑える要素など一つもないからだ。けれど、そんな米澤の傍らでみな子さんはよく笑う。自然に心から笑う。それにつられて米澤も笑ってしまう。みな子さんの存在に米澤がどれだけ救われているのか、想像に難くなかった。

僕はこれ以上二人の邪魔をしてはいけないと、喫茶店を出た。

## 14

トレーナーの小林は、なぜ、米澤が前へ出られなくなったのか、考えていた。今度の相手、福山和徹がこれまでのB級ボクサーとはレベルが違うことは仕方ないにしても、それだけで〝根性のある〟米澤が怖れるはずがなかった。福山の足は、確かに速い。日本のミドル級でも一、二位を争うほどのスピードでリングを動き回る。一方、米澤の足は、はっきり言って遅い。いくら必死に追いかけ回しても、摑まえることなどできないだろう。

さらに米澤の腰の具合は今までで最悪の状態だ。四ラウンドも闘えば、太腿が痺れて踏ん張れなくなるだろう。

このまま予想される試合展開はおそらくこうだ。試合開始から、ガードを固めた米澤が愚直に追いかけ回し、福山に軽く逃げられ、その流れがしばらく続く。そして四ラウンド以降に、米澤の足が痺れ始め、動きが止まった瞬間、福山が襲いかかる。どこまで米澤が〝もつ〟のかわからないが、それで負ける。

米澤も、ただ前に出るだけでは勝てないと思い、そのために自分のボクシングが乱れ始めたのではないか。自分の《正攻法》では太刀打ちできないと迷い始めたのではないか。

小林は試合二週間前にして《構え》を変えることを提案した。急場しのぎの突貫工事かもしれないが、このままでは試合にならないとの判断からだった。

それはこんなスタイルだ。

これまでの構えは、真っ直ぐに立ち、グローブで顔をガードするノーマルスタイルだ。多くのボクサーは真っ直ぐ立つことでリラックスし、軽いステップで動くことができる。ところが、小林が提案したのは、極端な前傾姿勢になって、グローブをかなり前に出して構えるスタイルだ。アマチュアレスリングの選手が、腰を深く引き、両腕を前に出す光景を思い出してもらえばいい。そのスタイルを小林はこう説明する。

「米澤が一番自然に立てる」

米澤には、中学から十数年続けたレスリングという経験があった。大学時代には全国二位という成績を残し、一時はオリンピックさえ目指した。迷いを取り除くのには、そのレスリング時代の《自信》を思い出してもらうことが一番なのではないか。レスリングを何とかボクシングに結びつけられないかと小林が日夜考え、生み出したスタイルだった。

なんとも漫画じみた戦法だが、米澤自身ものびのびやっているように見えた。

これまでの米澤は、守る時も攻める時もガードを高く構えるしかなかった。これでは、常に《ビビッている》という印象を審判に与えるため判定になった時に不利だった。手を前に出し、米澤がとにかくグローブを動かして《何か》をやっていれば、審判も攻撃的に見てくれる。そんなことまで小林は考えていた。

その作戦でスパーリングが始まった。

相手もはじめて見る構えで、動揺していた。米澤は、前に出したグローブを変則的に動かしながら距離を詰めていく。小林の狙い通りだった。珍しく褒め言葉をかける。

「そうそう、構えだよ、構え。いいねえ、いいスイングだ。はいゴー!」

レスリングとボクシングの融合。冗談のような発想だが、米澤と小林は真剣だった。米澤にとって、青春のすべてを賭け、挫折に終わったレスリングが土壇場になってこんなかたちで活かされるとは想像もしなかっただろう。悔いばかりの格闘技人生が、無駄ではなかったかもしれない。その喜びがはっきり米澤の表情に現れていた。目の色がまるで変わっていた。

「振り返った時に、ちょっとでも自分に偽りがないようにしてるのかなあ……結局、いつかは引退しなきゃいけないわけで、その時に、あーあれもやればよかった、こうすればよかったと思うのはすごい嫌だから。明日はプロボクサーとして米澤重隆を全部リングに出すのが仕事。そうすれば絶対勝てるし。それだけ」

試合前日、米澤は《勝つ》という言葉をはじめて口にした。

## 15

決戦の一日。二〇一三年四月二二日。

ここ水道橋の駅で降りるたびに、人生には二つの色があると思う。西口改札を出て目の前の橋を渡り終えた時、それは見事に二つに分かれる。ひとつは東京ドームへ向かう人々の派手な色彩、もう一つは、その足元にある紫色の建物に向かう人々のくすんだ色彩だ。隣接する二つの興行施設の間に、明らかに違う空気が流れているのは、行ったことのある人なら誰でも知っている。スターが大公演を打つ五万人収容の巨大ドームと、スポーツ新聞を広げ、昼間から酒をかっくらうオッサンたちがたむろする紫色の建物。

JRAの場外馬券場が併設され、そこここに夢破れた紙切れが落ちている。人生の光と影と言うのは大げさかもしれないが、おそらく東京ドームへ向かう人々がこの紫色の建物へ入ることは滅多にないだろうし、その逆も少ないだろう。

そして、その紫色の建物の五階に、ボクシングの聖地、後楽園ホールはある。昭和三七年に作られて以来、一度も改修されていない二〇〇〇人収容の格闘技専門ホールだ。

僕が訪れたのは、開場三〇分程前で、まだ客席には誰もいなかった。静まり返った会場には、リングにいるボクサーたちの「キュッキュッ」というシューズの擦れる音が響き渡っている。試合をする選手たちがマットの感触やロープの張り具合を確かめているのだ。中には、宙を静かに見つめ、この伝統あるリングに立つこと自体に感極まっているボクサーもいる。

米澤の控え室を目指し、会場の隅にある細い階段を下りていくと、その壁にべったりと血が付いていることに気付く。一つや二つではない。壁中に血痕がべったりと染み付いている。掃除をしても取れないのか、取ろうとしていないのかわからないが、改めてここが殴り合いをする場所なのだと身が引き締まる思いがする。

控え室のあるフロアは、この日の興行七試合に出場する選手、担当トレーナーやジムの会長や興行関係者などでごった返していた。出場する選手は青コーナーと赤コーナーで部屋が分かれ、四畳半くらいの一室に三人、四人もの選手たちが詰め込まれているから、まさにすし詰め状態だ。日本ボクシングコミッションの広報担当に、カメラを控え室に入れてはダメだと伝えられていたが、単純にそんなスペースがないのだ。日本では青と赤のコーナーは、出場選手の格で決まるというのが暗黙のルールで、チャンピオンならば赤、挑戦者が青となる。

この日、米澤がいたのは、当然、《青》の選手が集まる控え室。同室には、インドネシアやフィリピンから呼ばれたボクサーがいた。

既にバンデージを巻き終えていた米澤は、このざわついた空気などまるで関係がないかのように、ひとり静かに目を瞑り決戦の時を待っていた。

前回の試合と同じだ。目を閉じたまま動かない。

今日、日本ランキング三位の福山に勝てば、日本ランカーに昇格し、日本チャンピオンへの挑戦権を得る。そして誕生日のタイムリミットまで約半年。《運がよければ》タイトルマッチという念願を叶えることができるかもしれない。しかし、負ければ、その夢は限りなく遠ざかる。

米澤の試合は六試合目だ。

同じ興行の一試合目に青木ジムの仲間、木村翔《きむらしよう》のデビュー戦が組まれていたが、一ラウンドKO負けという幸先悪いスタートで、控え室は重苦しい空気に包まれていた。

「多分出番、早いですよ」

有吉会長は言う。興行の一試合目がKOで終わると、そのままKOの試合が続くというジンクスがあるらしい。

その言葉通り、KOで早々に決着が付く試合がいくつか続き、闘いを終えたボクサーが控え室に戻ってきては、慌ただしく去っていく。

そうして米澤の出番はあっという間に近づいてきた。

「準備しよう」

有吉会長の言葉を合図に無言でシャドーを始めた米澤。トレーナーの小林が小声で問いかける。

「今日、どう闘うんだ?」

「まず距離を詰める。もし足使われたら、無理に追いかけないで、この距離でプレッシャーかけて、相手の左が来るからこうつぶして」

「しー!」

慌てて有吉会長が口止めし、無言で天井を指差す。パーテーション一枚を隔てた向こう側に、相手の福山選手がいる。米澤の声が大き過ぎて筒抜けなのだ。福山サイドからは不思議と物音一つしない。息をひそめ、こちらの一挙手一投足を窺っているような雰囲気さえある。試合はもう始まっているのだ。

トレーナーの小林が、米澤の顔にワセリンを塗り始め、このボクサーの精神状態をじっと確かめている。小林はいつも軽口をたたく冗談好きのトレーナーのように見えて、実は、毎日一人のボクサーに指示するのは《一つのこと》と決めている。いろいろなことを言われても選手は混乱するだけで、決して身に付かないことを知っているからだ。その小林は、もちろん今日米澤にどんな言葉をかけるのか、彼なりに考え抜き、ぽつりと伝える。

「怖さも、自分の弱点も知ってるから、闘えるよな?」

「大丈夫です」

米澤の目が、開く。そこには怯えも、気負いも、不安の影もなかった。ただ試合ができる喜びを静かにたたえていた。


この日の興行のメインは元日本ライト級チャンピオン、嶋田雄大《しまだたけひろ》選手の引退式で、米澤の試合を見に来た人など少人数だったが、ジムの仲間たちやみな子さんも友人とともに客席にいた。

試合開始時刻は、夜、七時半。

赤コーナーに現れた福山和徹は、三年前、全日本新人王に輝いて以来の後楽園ホールだった。その表情から窺えるのは、アウェイの孤独よりも、この聖地に再び戻れた高揚感だ。前日の計量ではシャツを脱がずに、一キロアンダー。減らし過ぎの減量失敗も考えられたが、今日の肌つやを見る限り、その様子はまったくない。リズミカルにジャンプを繰り返すそのバネと高さが、調子のよさを物語っていた。

二人が向かい合った時、福山の背が高いのはデータ通りだったが、リーチの違いが圧倒的だった。恐らく一〇センチは米澤よりも長い。これで距離をとられたら、まず勝負にならない。

しかし、どんな相手であれ、愚直に前へ。米澤は自分のボクシングを貫くしか勝機はない。

## 16

第一ラウンドは静かに始まった。福山は、長いリーチを活かしたジャブで威嚇しながら距離をとる。米澤はなかなか飛び込めない。一発ですべてが決まるのが、このミドル級だ。米澤が右ボディと左フックのコンビネーションで二、三度仕掛けるが、軽い応酬で終わる。福山は慎重に、米澤の出方を見ていた。いや、見定めていたというべきか。残り三〇秒。初回は様子見で終わるのかと思ったら、ほんのわずか米澤の足が止まった。その時だった。福山はいきなりストレートとフックを織り交ぜた一四発もの連打をガード上だろうが構わず叩き込んできた。亀のように固まりなんとかしのいだ米澤だが、その強烈なパンチに表情が青ざめていた。想像以上のスピードとパワー。一ラウンドで試合が終わるかと息をのんだが、ゴングに救われる。

インターバルの間、トレーナーの小林は米澤の気持ちを確認していた。あのラッシュに心が逃げたら、勝負は決まってしまう。

「ガードで終わったのわかる?」

「わかります」

「トントントンって（ラッシュが）来るでしょ? トントントンって。そしたら、右ボディでも右フックでもいいから、返す。できる？」

「できます」

福山のラッシュをガードしたまま終わったら、たとえパンチが入らなくても、相手のペースで試合が進む。審判の印象も悪い。展開を変えるためには、あのラッシュの終わった瞬間に、打ち返せ。それがトレーナーの指示だった。逆に言えば、その時くらいしか、福山に隙はなかった。米澤は天高く腕を伸ばし、大きくひとつ深呼吸をした。


第二ラウンド。意を決した米澤が前に出始めた。福山は、待ってましたとばかりに突進してくる米澤を軽くいなして、カウンター気味のパンチを打ち込んでくる。明らかにそのテクニックは米澤よりも一枚も二枚も上手だ。しかし、米澤は打たれてもそのまま打ち返す。先ほどのトレーナーの指示通り、相手のパンチの後に打ち続ける。すると、少しずつ米澤のパンチが相手の顔面をとらえ始める。マットを見ながら打っているかと思えるほど、腰を深く折り曲げ、その勢いで繰り出す大振りな右フック。それが防がれたらそのまま左フック。このコンビネーションが決まり、福山の顔が歪む。これが自分のパンチ力の弱さを自覚する米澤が全身を使って繰り出す唯一の《倒せる》パンチだ。福山がラッシュを仕掛けても、終わり際に米澤は右フックを狙ってくる。その捨て身の戦法に福山が戸惑っているように見えた。さらにラウンド終盤、米澤があの、レスリングスタイルの前傾姿勢になった。ガードを外したり構えたり奇妙な動きを繰り返す。突然、構えを変えた相手に面食らったのか、福山が少し考え始めた。そして残り一五秒を切った時、ノーガードでふらふらと近寄った米澤があらぬ方向を見ながら、左の変則的なフックを放った。まさかというタイミングだった。不意をつかれた福山は、まともにそのパンチをもらい、ダウン。

「よっしゃあ!」

米澤のセコンドが沸く。会場がどよめく。日本ランキング三位が、A級になったばかりの無名のボクサーにダウンをとられる。予想もしない展開に応援団でも何でもない客たちまでが盛り上がり始めた。一ラウンドKO勝利もあり得るかもしれない。しかし、米澤はまさかのダウンに自分自身が驚いていて、ニュートラルコーナーに入らない。プロボクシングのルールでは、ダウンを奪った選手が、青でも赤でもないニュートラルコーナーに立たないとカウントは数え始めない。倒れた相手を茫然と見つめる米澤は、レフリーに促され、はじめてそこに立った。五秒間のロス。それが福山には幸運だったのかもしれない。「ワン、ツー、スリー」レフリーがエイトカウントまで数えたところで、立ち上がった。試合再開。その瞬間、終了のゴングが鳴った。

コーナーで待ち構えていたトレーナーの小林も有吉会長も、この信じられない展開に一気にボルテージが上がっていた。もしかしたら、もしかしたらとの興奮が抑えきれない。

「いけるか?　いけるか?」

「いけます」

もう倒すしかない。米澤は一分のインターバルも待ちきれない様子だった。「相手が打ってきたら、いちにのさんで、もう一回倒せ。もう一回だぞ。そしたら勝てる。勝てるぞ！」有吉会長は、早口でまくしたてる。

一方、福山の表情は明らかに変わっていた。日本三位のプライドに完全に火がついた。


第三ラウンド。壮絶な打ち合いが始まった。

米澤は相手のダメージが残るこのラウンドで仕留めなければ、勝利が遠ざかる。試合が長引けば長引くほど、腰の病気が足の痺れを引き出し、苦しくなるのは目に見えている。福山は福山で、ダウンでついたマイナスを挽回しなければ、負ける。ダメージの回復を図るそぶりなど一切見せずに、しゃにむに打ち込んでくる。

真っ向勝負。意地と意地のぶつかり合いだった。

米澤が低く頭を振りながら距離を詰め、ボディを打つ。福山は頭の下がった米澤を右アッパーで狙い打つ。福山サイドは米澤の接近戦にはアッパーが有効だと判断したようだ。そのアッパーが続けざまに入る。それでも前へ出続ける米澤が福山をコーナーに追いつめていく。チャンスだ。会場が沸く。米澤は多少打たれても構わず、ほとんどノーガードで猛ラッシュ。勝負に出た。しかし、必死に頭を振る相手をなかなか摑まえきれない。コーナーから脱出した福山が今度はきれいなワンツーを決める。

しかし米澤は前へ。もう捨て身だった。相打ち覚悟で右フック左フックを放ち続ける。《もう一発当てれば勝てる》その思いが、ついガードを甘くさせてしまったのかもしれない。気が付くと、米澤の左まぶたの上が切れていた。

血が目に入ると視野が極端に狭まる。当然、福山は米澤の視界が悪い左側からの右フックと右ストレートに攻撃を切り替えてくる。残り三〇秒。ついに福山のものすごい右ストレートがカウンター気味に米澤の頬に食い込む。《バーン》という大きな音が場内に響き、米澤の顔がさらに鮮血に染まる。足元も一瞬ぐらつき、福山にもたれかかるような姿勢でクリンチに逃げる。この一発で完全に形勢が逆転した。

三ラウンド終了。コーナーに戻った米澤の顔を見ると、左目の上、そして下。二カ所もぱっくり切れていた。

「大丈夫。すぐ(血は)止まる。スイングの距離じゃないよ。スイングの距離じゃないよ！　くっついてボディ！　いつもどんな練習してきた？　下下、上。下下、上。そのパンチが当たってんだよ。わかる？」

ダウンをとった相打ち覚悟のパンチはもう通じない。小林はボディ中心の攻撃へ作戦変更を指示。これが米澤の原点だ。超接近戦の中でボディを攻めて相手のスタミナを削る。そして相手の顔が下がったところでフックを決めろ。

しかし、四ラウンドも福山ペースで試合が進んでいく。距離を詰めようとする米澤はかわされ、フックやアッパーを叩きこまれる。米澤が前進を止めた途端に、目の前に飛んできて矢のようなパンチを突き刺し、去っていく。まさに《蝶のように舞い、蜂のように刺す》アウトボクシングの教科書のような展開となる。血で顔が真っ赤に染まった米澤は、気持ちは前へ向いていても、打開策が見つからない。時折、困り果てたように動きが止まる。そのたびに、また打ち込まれる。この回は完全に福山にポイントがついた。

インターバルになり、米澤のセコンドはその気持ちの停滞を「かっこつけんな」と叱咤する。勝ちたければどんな手を使っても距離を詰め、超接近戦に持ち込むしかないのだ。

五ラウンド。はじめこそ相手の胸に頭を押し付けるほどの接近戦ができたが、長くは続かない。明らかに米澤が疲れ始めた。一方、福山のスピードは落ちるどころか、増していく。長いリーチを活かし、米澤のパンチが届かない距離から、強烈なストレートを何度も見舞う。すぐにまた出血。ほとんど相手が見えないのではないかと思えるほど、鮮血が顔を覆う。そして開始三〇秒。ついにドクターチェックが入る。ここで止められたら米澤のＴＫＯ負けだ。天を仰ぐ米澤サイド。幸い、続行が認められたが、もう一度止められたら終わり。

「勝負しろ！　急げ！」

セコンドの小林が叫ぶ。米澤に火がついた。先ほどまでの疲れがなかったかのように、

壮絶な殴り合いで両者激しい流血（撮影＝小田振一郎）

攻勢をかける。小刻みに頭を振り、猛突進で詰め寄り、アッパー、フック、ボディと持てるすべてのパンチを繰り出していく。鬼気迫るその勢いが福山を圧倒し、何発かのパンチが顔面を捉える。その劇的変化に、場内は沸く。このまま行けば、五ラウンドは米澤のポイントとなるはずだった。しかし、その気迫が残り一分で突然消える。電池が切れたかのように米澤の動きが緩慢になり、パンチを出しても、力はなく、相手をなでる程度。遊びのようだ。いくらセコンドが「ボディだ！」「パンチ出せ！」と叫んでも、動かない。おそらく太腿の痺れが始まり、力が入らないのだ。こうなることを一番怖れ、できるだけ早い回で決着を付けたかったのだが、もう手遅れだった。

「ああ、もうダメだ……」

そんな小林の呟きが僕のイヤホンに聞こえてくる。米澤は、グローブは構えるものの、ただ立っているだけ。ほとんどサンドバッグ状態だった。福山のやりたいように打たれて、このラウンドは終わった。

もう作戦云々《うんぬん》ではない。体を休めるしか、痺れをとる手段はないが、インターバルの一分間でどこまで回復するのか……。不安にとらわれたボクサーを、小林と有吉会長は懸命に奮い立たせる。

「自分のボクシングできてきたな」

「いい感じだよ」

米澤の顔は左目の上下に加え、右目の上も切れてしまった。それでも二人は褒める。

「さっきのラウンドよかったよ。次、ボクサー人生最後のラウンドだと思って。なあ。自分のボクシングしてくるんだよ」

その言葉が米澤にどう届いたのかはわからない。けれど、六ラウンド、再び前進を始めた。当然、痺れは残っているだろう。しかし、鬼のような形相で、ひたすら前へ。左と右のワンツーでボディを狙い、その勢いで左のフック。もう米澤はこのコンビネーションを繰り返すのみだった。まだまだ余力を残す福山は、一発もらえば二発も三発も当ててくる。それでも亡霊のように打っても打っても迫り来る米澤に恐怖を感じたのか、手数の多い福山が後退し始める。クリンチで休もうとさえする。流れが変わりそうな気配が漂う。

「一緒に打て！」会長の有吉が絶叫する。太腿の痺れで力が出ない米澤に逆転パンチがあるとすれば、福山が打ち掛かってきたと同時に左のフックを当てる《相打ち》しか方法がないのだ。

「相手と一緒に打つんだよ！」もうセコンドの二人はこの言葉しかない。

米澤は、セコンドを信じ、福山の打ち込むタイミングと一緒に何度もパンチを放つ。放ち続ける。かろうじて一発は当たったが、倒せるほどの力がもう込められない。太腿の痺れはもう限界だった。足元がふらつき、大きな左フックを放った自身の体重を支えられなくなり、倒れる。場内アナウンスは「スリップ」と伝える。パンチで倒れたわけではないのでダウンとは認定されないが、明らかに立っているのがやっとという状態だった。

この回もゴングに救われる。

青コーナーに戻ってきた米澤は、小さい丸椅子に重い体を投げ出すように腰掛けた。顔の三つの傷口は深くなる一方だった。ドクターが状態確認に来る。ここで止められたらアウトだ。

「全然大丈夫です。目にも（血が）入ってないんで、問題ないです」

小林も有吉会長も懸命に試合続行を訴えるが、しばらく問答が続く。結局、ドクターは戻っていったが、恐らく最後の警告を告げたのだろう。小林の表情は蒼白だった。しかも次は米澤が一度も経験したことのない七ラウンドという長丁場に突入する。どこまでできるのか誰もわからない。何もかもが崖っぷちだった。

「一緒に打て」

またしても唯一、セコンドが絞り出した言葉だった。

第七ラウンド。開始三〇秒足らずで再び米澤が倒れる。福山に少し押されただけで、踏ん張る力がなくマットに転がってしまう。ふらふらと立ち上がった米澤の顔をレフリーがじっと覗き込む。《このボクサーはもう闘えないのではないか》だが、米澤の目はまだ死んではいない。試合続行。

すると、奇妙なことが起こり始めた。もうパンチも出ず足元もおぼつかないロートルボクサーが、強烈なパンチも軽いステップも残すボクサーを追いかけ続けているのだ。手数を当てているのは福山。しかし、なぜか後退する。傍目には、米澤から逃げているようにさえ映る。

「米澤！　手、出てないよ。手、出せ！　そこで手を出せ！」セコンドが叫ぶものの、パンチが出ない。それでも福山が後ろに下がるのは、この血まみれのボクサーに向き合ったものにしかわからない《何か》に気圧《けお》されたのだろうか。クリンチに近い接触時間が長く続き、日本ランキング三位の背中にまで米澤の血が付いている。

米澤は相手と組み合いながら機会を窺っていた。わずかに残された体力をどう使うか。もう力あるパンチが何発も打てないことを自覚していたのだ。そして、ラウンド終盤「残り二〇秒！」の声を聞いた時、全身全霊の力を込めた左フックを放つ。ブンという音が聞こえたくらいの大振りだった。だが、わずかに届かない。すると、さらにもう一発、身体を投げ出すようにして渾身の右フックを放つ。これで決める。七ラウンドにして、最も力強いパンチだった。しかし、これも福山の右肩をかすっただけで空を泳ぐ。ギリギリかわした福山は、驚きを隠せない。まだこのボクサーは何かを秘めているのか。けれど、打ち終えた米澤は茫然とリングに立っているだけ。もう手が出ない。あの二発ですべてを使い果たしていた。

すぐに第七ラウンド終了のゴングが鳴った。

青コーナーに戻ってきた米澤は、悔しそうに「あー！」と大きく息を吐いた。

あの二発が当たっていれば。もし、決まっていれば。

トレーナーの小林は信じられない思いだった。もう足が痺れ、立っているだけでもキツいはず。あの二発はなんだったのか、思わず問いかける。

「あれ、狙ったのか？」

「はい」

そう答えた米澤の表情は、まだ生きている。まだこのボクサーは闘える。

「よし。最後。この試合のラストラウンド。ボクシング最後だと思ってやってこい」

再び、今度はレフリー自身が傷口を確認しに来た。米澤は一言「やります」と鋭い表情で告げる。その気迫にレフリーは何も言えずに戻っていった。それを見た有吉会長は誇らしげだった。

思えば四年前、普通のボクサーなら引退を考える三三歳でデビューした米澤は、五歳年下の若者に二回KO負けを喫し、ひとり控え室で泣いていた。他のジムの知り合いには、はっきり、「年齢も年齢だし、彼にプロは向いていない。アマチュアの《オヤジボクシング》でやった方がいい」と真面目な顔で忠告された。その米澤が日本三位と正々堂々七ラウンドを闘い抜き、これだけ打たれても、なお心が折れていない。気持ちの弱さなどどこかへ消えていた。

「最後、悔いのない試合してこい」

「はい」

「四年間やってきたこと、全部出すぞ。最後だよ、ラストラウンド。ラスト行ってこい！　ラスト賭けてこい！」

「ありがとうございます！」

コーナーから出て行く米澤は笑顔だった。


八回最終ラウンド。米澤に何が起きていたのだろう。本人に聞いても、「もうこれで最後だと思って。それだけです」と言うが、僕は腑に落ちなかった。米澤には申し訳ないが、僕は最後の三分間、リングサイドでカメラを回しながら、もう勝ち負けのことはどうでもよくなっていた。ファインダー越しに見える米澤の鬼気迫る顔が、打たれても、打たれても前に出続けるその姿が、ただ圧倒的だった。

ダメージが蓄積し、ふらふらになった足元。太腿は痺れでほとんど感覚がないだろう。当然、力あるパンチは打てない。それでも前へ、前へ。愚直に前に出続ける米澤の顔に、福山の強烈なパンチが何度も食い込む。そのたびに三カ所の傷口と鼻から血が噴き出し、顔全体が打たれ過ぎて赤黒く変色している。それでも、前へ。この最終ラウンドになって、どこからそんなスタミナを引きずり出しているのか。《最後だから》という気持ちだけでどうにもならないことはある。僕には何かが米澤に取り憑いたとしか思えなかった。この時ばかりは大いなる存在がこのボクサーを突き動かしているようにしか思えなかった。これは本当に米澤なのか。いつしか会場全体に手拍子が起き始めた。地鳴りのような熱狂が後楽園ホールに渦巻く。

そして、それは八ラウンドを二分過ぎた頃だった。

続けざまに二度、米澤の左フックが福山の顔面を捉える。さらに右のフック。思わず歪んだ福山の顔。そこへまた左フックがきれいに入る。

「勝てるぞ！」そう叫ぶトレーナーの小林の表情は興奮を通り越して狂気の形相を帯び、「お前が頑張れば倒れるんだぞ！　お前が頑張れば倒れるんだぞ！」声を嗄《か》らす有吉会長もまた、鬼と化している。

もしかしたら。

もしかしたら。

奇妙な空気が辺りに漂ってくる。

誰かが「よっねざわ！　よっねざわ！」と叫び始め、その掛け声が会場全体に広がっていく。この日の七試合、一度もこんなコールは起きなかった。興行のメインでもなんでもない、しかも劣勢に立たされボロボロになった無名のボクサーが、大声援を受ける主人公になっていた。

ラスト三〇秒。米澤最後の攻勢が始まる。長い接近戦で、福山にもさすがに疲れが見え始めた。身体を折り曲げ、苦しそうに下を向いたそのボクサーのこめかみへ米澤が右フックを決める。脳髄を揺さぶられ、一瞬、相手が止まった。チャンスだった。米澤は、持てる力すべてを込めた左フックを叩きこむ。これは効いた。ふらつく福山をさらに米澤が追いかける。右フック。はじき飛ばされた福山が、ロープの間から場外へ投げ出されんばかりの勢いだった。だが、米澤はとどめを刺しきれない。福山はすぐさま反撃に移り、二人はノーガードで打ち合う。残り一〇秒を告げる拍子木が鳴る。ここに来て、この試合が八ラウンドであることを僕は恨んだ。もっと、もっとこの試合を見ていたい。

だが、非情にも、試合終了のゴングと同時に米澤の放った右フックは空を切った。

判定。

「勝者、赤コーナー福山和徹！」

というリングアナウンスに会場は一気に静まり返った。

## 17

敗れた米澤を、観客は万雷の拍手で送り出した。

三人のジャッジの内容は二点差、一点差、ドロー。ギリギリの僅差だった。

有吉会長や小林に付き添われ、控え室に戻る間、「これまでありがとうございました。ありがとうございました」とうわごとのように米澤は繰り返す。この時点で引退を決めたかのようだった。

そんな米澤の雰囲気を察してか、小林は今日の奮闘を讃え続けた。

「あれだけ観客が沸いたんだから、いい試合だよ」

「気持ちよかっただろ。試合中も、試合後も。負けたけどさ。試合終わった後の歓声ね。ああいうのはボクサーとしては最高だよな、うん」

「いい試合だった。八ラウンド、全然余裕だな。あれなら一〇回戦(タイトルマッチ)もできる」

気持ちを盛り上げようと言葉を連ねる。だが、じっとうつむいた米澤から返事はなかった。生々しい顔の傷口にはぎゅっとタオルが当てられ、隙間から見えた目はどこか遠くを見ている。その眼差しには、周囲のどんな励ましも感動の言葉も届いてはいないようだった。すると突然、あごがガクッと痙攣し、こちらがぎょっとしてしまう。よく見ると、あごが上手く嚙み合わず小刻みに震えている。

あれだけ殴られた人間にどんなダメージが残るのか、僕は想像さえできない。

しばらくして米澤は医務室へ連れて行かれた。試合前と試合後に専門のドクターから検査を受けることがルールで定められていて、そのまま病院送りとなるボクサーもいる。小林はドアの閉め切られた医務室の前から動かない。続けざまに煙草に火をつけ、厳しい顔でじっと中の様子を窺っている。待つこと二〇分。出てきた米澤は幸い大事に至ることはなく、翌日、顔の三カ所の縫合手術を受けるよう指示されていた。

そして血も完全に止まり、意識も足もしっかりしているので、この夜、米澤の慰労会が開かれることになった。ボクサー本人のためというよりも、アルコールでも入れないと、セコンドの興奮が収まらないのだ。ここで今後のことが話し合われるのが恒例だ。後楽園ホールそばの焼き肉屋で開かれたその会は、負けた陣営とは思えないほど、盛り上がっていた。ひとりウーロン茶を飲む米澤に向かい合った、有吉会長は現役続行を訴え続ける。

「次につながるいい試合だったと思うよ。お前次第だけど、まあ、あと二戦できるよ」

傍らにいる小林トレーナーも同じ思いだった。

「もう、米澤次第だ。次の話はこっちでしてるからね」

「米澤次第だから、こっちは」

有吉会長が負けた試合のすぐ後に次の話をするのには訳がある。ぼろぼろの状態だからこそ、ボクサーの本音が見えるのだ。やりたいと言っても、やめますと言っても、言葉以上にその表情が雄弁にボクサーの意志を語る。

ただ、この日は四月二二日。引退が決まる三七歳の誕生日まで半年を切った。実際問題、ここからもう一度日本ランカーに挑戦し、勝ち、さらにチャンピオンを目指すのは難しい。けれど、その難しさを一番知っているはずの有吉会長も、トレーナーの小林も、米澤のボクシングが今日で終わるのだけは、どうしても納得がいかないようだった。それほどこの日の米澤は大きな成長を見せた。今日の大善戦は多くの観客の心を摑んだが、最も驚き、感動していたのは青木ジムのセコンドだったのかもしれない。
けれど、いくら褒められても、米澤は言葉少なに「ありがとうございます」と言うだけで、絆創膏だらけの顔が緩むことはない。《やめる》も《続ける》の一言もない。間欠的に訪れる痛みに顔をしかめ、下を向いている。

その顔を見ながら、僕にはもうこれ以上、闘えないのではないかと思えた。今日がベストであり、たとえ再び闘ったとしても、惨めな老体をリングにさらすか、その後の人生に支障をきたすような大怪我をしてしまうのではないか。それよりもこの大声援の中で五体満足のうちに惜しまれながら現役を退いた方がいい。「やめます」その一言ですべて片がつく。今日の試合で燃え尽きたとしても誰も米澤を責めないだろう。

だが、この席で、米澤が何かを語ることはなかった。

そして、有吉会長は「もういいよ。行けよ」と帰るよう伝えた。

慰労会を辞した米澤は後楽園ホール近くの繁華街を歩いていた。見に来てくれた友人たちが方々で飲み会をやっていたようだが、すべて断り一人で歩いていた。僕は何を話しかけていいのかわからなかった。できれば、インタビューをしたかったのだが、今日の試合のことも今後のことも、いまは何も考える余裕がないのは、ボロボロの顔を見ていればわかった。

気まずい沈黙の時間が続く。いっそはっきり「一人になりたいんで」と言ってもらった方がよかった。しかし、黙って歩いている。

すると米澤は、とある台湾料理屋の前で立ち止まる。中から出てきたのは恋人のみな子さんだった。米澤の姿を見つけると、走り寄ってくる。

「……大丈夫？」

「大丈夫。こんな顔だけど。ありがとうございました」

「判定ってわかんないね」

「しょうがないよ」

「でもさ、よくやったと思うよ？　判定の時みんな、えーってなってたよ」

「そんなもんだって……」

二人での帰り道。ほとんど口をきかなかった米澤が話し始めた。

「全部出し切ったけど、ねえ、あれじゃあね、勝たないとね……ああ……夜勤がなあ……ちくしょう……仕事、休めればなあ……」

吐き捨てるように言う。

今日の試合、四ラウンド過ぎに突然動きが悪くなったのは、やはり腰の病気で足が痺れたからだった。ドトールや寒いサーバー室で眠らねばならない不規則な夜勤仕事が明らかに腰の負担になっていた。夜勤がなければ、体調がよければ、もっと闘えた。

「もし、次試合をしてもさ、また夜勤とか続いて滅茶苦茶になって、また体調崩して、同じこと繰り返したら意味ないよ……」

痛みに顔をしかめながら下を向いている。

みな子さんもかける言葉がない。

僕を含めた三人は黙って夜道を歩き続けた。

しかし、詮のないことだった。ボクシングでお金が稼げない以上、働くしかない。月々一万二六〇〇円のジムの月謝。八〇〇〇円のフィットネスクラブの会費。加えて腰の病気があるから週に二回は通う接骨院代。病院の治療費も痛み止めの薬代も確実にかかる。毎日、栄養補給のプロテインは欠かせないし、三食、鶏肉と玄米と青汁、わかめスープを食べ続けても、食費は月二万円はいってしまう。ましてや次の試合が、タイのような海外遠征になった場合に多少なりとも自己負担はある。ボクシングに反対している親に、お金を借りることはできない。

つまり今の状況でボクシングを続けるには、あの夜勤仕事をやって、ギリギリの生活なのだ。日勤だけの仕事に転職できればいいが、試合が突然決まって、いきなり一週間休ませてくれる都合のいい職場などなかなか見つからない。要は《夜勤がなければ、闘える》これは米澤の愚痴だった。現実はやめられるはずもない。

するとみな子さんは意を決して口を開く。

「仕事やめちゃえば？　私は、全然いいよ。あと半年くらいなら、食べさせてあげても」

「……ありがとうございます」

「半年ぐらいなら。いいよね？　貧乏でもね？」

「いいよ。俺、鶏肉しか食ってないし……」

みな子さんは本気だった。家賃も自分が負担している上に、米澤に仕事をやめさせ、多くもない貯金を取り崩しながら、ボクシング資金を捻出したいと真面目に考えていた——。

僕はなんとも言えなくなって、「頑張ってください」と意味のない言葉を告げて二人と別れた。

帰り道、僕の感情は半分感動、半分疑問と分裂した。夜勤をしながら挑戦をすると決めたのだから最後まで突っ走るのが、男の意地ではないのか。どうして、みな子さんはそこまで米澤に優しいのか。それは甘やかしではないのか。

もやもやした気持ちは拭えないまま、福山戦の編集が始まった。

そして、みな子さんの実家が、東日本大震災の津波で流されていたと知ったのは、しばらくしてからだった。

## 18

みな子さんは、福島県双葉郡楢葉町に生まれ育った。三人姉妹の、年が離れた末っ子で、八〇歳近い両親がいる。

あの三・一一の日は金曜日、東京の仕事場で揺れを感じた。津波の映像をテレビで見て実家が心配になり、電話をかけ続けたがつながらない。夜中の一二時過ぎ、二番目の姉から「近所の小学校に避難している」という連絡が入る。幸い家族で津波に流された人はいなかった。それから原発事故が起こり、福島第一原発からおよそ二〇キロ地点にあったみな子さんの実家は、警戒区域（立ち入り禁止）となり、両親と姉一家は、いわき市、南会津町、会津若松市の避難所を転々とする。そしてだいぶ経ってから、幼い頃、遊んでくれた近所のお姉さんが津波に飲み込まれて亡くなっていたことを人づてに知る。

みな子さんが、はじめて楢葉に行くことができたのは、震災から半年経った二〇一一年九月。一時帰宅の許可が下りた時だった。父と姉と三人で、気温三〇度を超える暑さの中、全身防護服に身を包み、防塵マスクを着けて汗だくになって故郷を訪れた。

そこは、記憶にある楢葉の町ではなかった。美しかった田んぼには雑草が生い茂り、何かの残骸が散らばっていた。道はあちこちで隆起して車を阻む。何度も迂回しながら家を目指したが、最後、車では進めなくなり、歩いた。

そうしてようやく見えてきたのは、生まれ育った地域を囲むように立っていた雑木林だけだった。

林の向こうにあった十数軒の家並みは、たった二軒を残し消えていた。

草に覆われたコンクリートの土台が、集落のわずかな痕跡だった。

みな子さんの実家は家の形はあったものの、中身がすべて流されていた。卒業アルバムも小さな頃の思い出の写真も流され、自分のものは何一つなかった。

原発事故が起きた時点で「もう楢葉へ帰れないのかな……」とぼんやり考えていたが、半年経ってもゴミ一つ片付けられていない町の姿を見て、それは動かせない現実として迫ってきた。頑固で体の大きかった父も、いつまで続くかわからない長い避難生活の中でめっきり弱っており、体調を崩し始めていた……。

みな子さんの実家は兼業農家で、先祖代々この地で農業を営んできた。お父さんで六代目というから、江戸時代くらいから楢葉に住んでいることになる。

お盆になると、藁で作った船にカボチャや茄子などの野菜を載せ、束にしたお線香に火をつけて海に流すのが家族行事の思い出だ。朝八時（なぜか決まっていた）、父は真面目な顔で「秋の彼岸にまたおいで」と船に語りかけながら海に流した。

楢葉の海はいつも荒れていて、遊泳禁止。自転車で一五分程走ったところに小さな湾があり、夏はそこで泳いだ。毎年秋になると、近くを流れる木戸川に大きな鮭がたくさんやってきて、町は活気づいた。父が大きな鮭を持って帰ってきてくれるのが楽しみで、一匹丸ごとさばく姿をじっと見ていた。鮭もイクラも、好きなだけ食べられるのが自慢だった。

みな子さんは上京して働き始めても、四月の大瀧神社の浜下りの時には帰省した。いつでも故郷、楢葉のことは頭の中にあった。いつか、あの集落に戻り、あの海鳴りの音を聞きながら暮らすことを願って東京で頑張ってきたが、津波と原発事故によって、地域住民は全国に離散。実家のあった土地は居住禁止となった。

「人生は一回きり。好きなことをしなければダメだよ」

これがみな子さんの口癖だ。みな子さんは訥々ともう戻ってこない故郷の話をしながら、その日も変わらぬ笑顔だった。僕は話の重さに衝撃を受けながらも、決して負けない不屈の魂はみな子さんの中にこそあるのかもしれないと思った。

米澤から番組宛てに手紙が届いたのは、あの福山戦から一〇日後のことだった。

この前は盛大な声援ありがとうございました。試合の結果は残念でしたが、自分のすべてを出し切りました。

でも、やっぱり悔しい。

現役続けます。

チャンピオンへの道は険しくなりましたが、可能性がなくなったわけではないと思っています。この番組の取材を通して、いろいろなことを考え、学びました。

この経験を生かしてチャンピオンになります。

ありがとうございました。

米澤重隆

「やりたいことなら、やりなよ」みな子さんの言葉が米澤の決心を後押しした。

結局、その後米澤がコールセンターの仕事をやめることはなかった。

「半年くらいなら食べさせてあげる」そんな、みな子さんの気持ちだけで十分だったのだろう。

## 19

米澤が挑戦の続行を表明したことで、ドキュメンタリー番組の放送も続く可能性が出てきた。実は、番組は一回の放送で終わるのではなく、NHKでも初の試みとなる《連続ドキュメンタリー》だった。

通常のドキュメンタリー番組は番組になりうる内容を撮り終わってから、編集作業を開始し、予定の放送日にオンエアして終了だが、この番組はまったく違うスタイルを持つ。まず一回の放送で終わらない。というか、放送回数が決まっていない。何かに挑戦する人を追いかけるというざっくりしたテーマはあるのだが、挑戦の結末がわからないまま、一回目の放送を開始し、ある程度の展開が起きたら、二回目の放送があるという流れで、内容次第ではどこまでも続くことになる。それが《連続ドキュメンタリー》の意だ。

しかし、一方、このような番組を制作する側の人間は、編集と同時に撮影も続ける必要があり、かなり疲弊する。放送日が差し迫り、編集に追い詰められながら、米澤に何か《こと》が起こりそうならば、《次の回》のために撮影に向かわねばならない。こうして米澤の昼夜関係ない無茶苦茶なボクシング生活に振り回される日々を一月から五月まで続けてきた僕は、正直、もうそろそろ身を引きたかった。解放されたかった。あのボクサーもボロボロだったが、僕の精神も肉体もある意味ボロボロだったのだ。

米澤の放送に関しては、福山戦が四回目で、敗退した米澤がこの後どうするかで、継続するかどうか判断しようという相談がプロデューサーや総合ディレクターの間でなされていた。すると、放送時の視聴者の反響がよく、また米澤も現役を続行するということで、五回目が決定してしまった。幸か不幸か、僕の取材も再開することになってしまったのだ。

そうして若干気を重くしながら、再び青木ジムを訪れたのは、あの激闘から二〇日ほど経った頃だった。

この日は土曜日の昼間、珍しくジムには有吉会長も小林トレーナーもおらず、米澤がひとりで練習をしていた。

僕が顔を出したのにも気が付かず、大きなバーベルをぶら下げたロープを口にくわえ、頭を上下させていた。これまで見たことのないウェイトトレーニングだった。

二〇分もやっていただろうか。

ようやく一息ついた時、「どうも」とカメラを向けていたことに気が付く。顔は、絆創膏だらけだった。試合から三週間近く経っても、傷は癒えていない。

「このトレーニングは？　今まで見たことなかったけど」と僕は何気なく質問した。すると、米澤が口ごもる。そして《これ、テレビでは流さないでくださいね》と前置きをして、話し始めた。

「こないだの試合で、首、やっちゃったんですよ。試合後すぐはなんともなかったんですけど、一週間くらいして、自転車乗ってたら、急に首が動かなくなっちゃって。それで接骨院でマッサージもしてもらって。だから、まあ、やっぱり首鍛えなきゃなって。でもしょうがないっすよ。こういう競技やってて、怪我なんて当たり前っすから……」

米澤の首は、典型的な鞭打ちの症状に襲われていた。痛みに加え、首の付け根がずっと重く、気を抜けば、ぼーっとしてしまうという。できるだけ首の負担を軽くするため補助バンドを巻き、安静にするしか治療法はないが、このボクサーにその時間はない。米澤がとったのは安静とはまったく逆の方法だった。

米澤はリングに四つん這いになると、頭をマットに押しつけ、両手を背中で組む。体重を首の筋肉で支えるトレーニングだ。右、左、後ろ、前、と頭をずらし、首の全方向の筋肉をいじめ抜く。首の筋肉を増やすことで、痛みを取り除こうという対症療法だ。痛めた首にここまで負荷をかけて大丈夫なのかと聞けば「大丈夫っすよ」と米澤は平気な顔をしているが、テレビに出してほしくないと言ったのは、ボロボロの身体をこれ以上、人前にさらしたくないというのが本音なのだと思う。腰の病気に加えて、また一つ大きなハンディを背負い込むことになってしまったのは間違いない。

「次の試合の話って出てるんですか？」トレーニングを終えた米澤に僕はそっと聞いてみた。

「まだ何もないっすね。なんかあれば言ってくれると思うんすけど、やっぱりなかなかすぐには見つからないみたいで……」

心配していた事態になっていた。

実は、前回の試合直後から有吉会長は、次の試合相手を探し始めたのだが、ミドル級の日本ランカーは九人しかおらず、なかなかマッチメイクが進まなかった。よく考えれば、この状況は最初から予想された。日本ランカーにしてみれば、ノーランカーの米澤に勝ったところで、順位を上げられるわけでもない。得るのは微々たるファイトマネーくらいで、なんの利益にもならないのだ。ましてや先日、三位の福山とかなりの接戦を演じたことで、簡単に片付けられるボクサーでもないことが知れ渡ってしまった。仮に負ければ、米澤にランキングを明け渡すだけ。試合をしても先方には一利もないのが現実だった。

福山戦はかなりレアなケースだった。大分という地方都市にジムがあることから、ミドル級のボクサーが周辺に少ないという状況で、相手にも試合間隔を空けたくないという思惑があった。ちょっと前までB級でさえ勝てなかった米澤の戦績を見れば、《楽勝》と踏んだ点もあったろう。

こうして考えていくと、実は、前回が最初で最後の日本ランカーへの挑戦だったのかもしれない。

六月から七月の間にもう一度、日本ランカーと試合をし、勝ち、誕生日の一〇月までにタイトルマッチに挑むという青写真が早くも崩れ始めていた。一〇月までに日本ランカーに再び挑むことはできても、そこでチャンピオンになるという夢は、時間切れで潰える。

タイムリミットまで半年という時間は、想像以上に短かった。

プロボクシングの世界で生き抜いてきた有吉会長は、どんなつもりで挑戦続行を許えたのだろう。ここまでの計算ができなかったでは、あまりに読みが甘い。この日、有吉会長には会えず、そのことを問い質すことはできなかった。

五月とはいえ、三〇度近い、暑い日々が続いていた。じりじりとした陽射しが、そのまま米澤の焦燥と重なって見えた。

## 20

不意に、米澤から「試合が決まりそうです」という連絡が入ったのは、五月も半ばを過ぎた頃だった。「海外で、東洋太平洋ランカーに挑戦って可能性が高いです」とメールには書かれていた。《東洋太平洋ランカー》この聞き慣れぬ単語をインターネットで調べてみる。いくつかのサイトの情報を総合してみた。

《東洋太平洋ランキング》とは、日本ランキングよりも広い、オセアニアとアジア一六カ国三地域という広範囲の中で争われる国際ランキングで、当然レベルは日本ランキングより高い。アジア諸国の歴代世界チャンピオンの多くも、この東洋太平洋ランキングから出てきたとある。

慌てて青木ジムに出向くと、試合予定が書かれるホワイトボードには、

《六月二〇日 米澤重隆 vs. イ・ウンチャン（東洋太平洋ミドル級一四位）》

と書かれていた。

小林に「もう決まりなんですか？」と尋ねれば「後は細かい条件、ファイトマネーとかその辺りを詰めたら決まりですね」とあっけない。

普通の流れで行けば、まず日本ランキングに入り、しかも上位に食い込んでから、ようやく東洋太平洋ランキングを目指す。いくら相手が見つからないにせよ、A級ライセ

ンスを取得して、一戦しかしていない男が、いきなり東洋太平洋ランカーに挑戦するのは、異例のことだ。

有吉会長は、このマッチメイクを浮かない顔で説明する。

「日本ランカーとやれれば、一番よかったんですけど、彼の場合は時間もないし。この短期間でチャンスがあるのは、その選手しかいなかったんで……。まあ、ちょっと焦ったかなあって気もするけど」

「相手のレベルがやはり高いということですか？」

「まあ強いのは強いんだけど、その、期間がホントに連戦になってるんで、ほんとやらせていいのかなあっていうのは、少しありますよね……」

日本ボクシングコミッションのルールには《ボクサーがKO負けした場合、三ヶ月間、出場停止》という項目がある。

米澤の場合、幸いと言っていいのかわからないが、福山戦で八ラウンドを闘い抜き、KO負けしたわけではないので、ルール上はいつでも試合はできる。しかし、八回フルラウンドを闘い、二ヶ月以内に再びリングに上がる。これは対戦相手以前にプロボクシングの常識ではあり得ない連戦だ。

実際、三週間近く経っても傷口が塞がらないほどの怪我を負っていて、もう試合まで一ヶ月を切った。そろそろスパーリングをしなければならない時期が迫っている。米澤自身は、体の状態をどう思っているのか。

「……大丈夫です。まあ、ちょっとペース速いかもしれないですけど、これがあと五年続くんならさすがに無理ですけど、あと何ヶ月しかないから、逆にありがたいっす……」

文字にすれば問題なく思えるが、この時の米澤は声がうわずり、明らかに《強がり》という印象しかなかった。

東洋太平洋ミドル級ランキング一四位、イ・ウンチャンはどんな相手なのか。青木ジムの会長やトレーナーに聞いてみても、「まあ、インファイターですね。いわゆるコリアンファイターだと思う」と言うだけで詳細を語らない。《コリアンファイター》とは、気が強く真っ向から打ち込んでくるタイプが韓国人には多いことからついたニックネームだ。もっと詳しく聞き出そうとしても、「映像を見てもそれくらいしかわからない」とぼやく。

念のため、僕もその映像を見てみた。今回はＤＶＤではなく、相手サイドが伝えてきたインターネットの動画サイトにアクセスするしか映像を見る手段がないのだが、画質が非常に悪く、試合が何となくわかる程度で顔さえはっきりしない。不思議だったのは、その映像は黒パンツと赤パンツのボクサーの試合で、黒パンツの方がイ・ウンチャンだと言われていたのだが、資料によると身長一八八センチと書かれているのに、その黒パンツの方が小さく見えるのだ。データに間違いがなければ、対する赤パンツは二メートル近くあるということになる。これはどうもおかしい。そもそもこの映像がホントにイ・ウンチャンの試合なのかどうかも眉唾な気がしてきた。ジムの会長によると「映像はこれしかない」ということなので、もしかしたら間違った情報を相手が送ってきた可能性もある。外国人との試合になれば、そんな《情報攪乱《かくらん》》もよくある作戦だと有吉会長は言う。問題なのは、こちらは正直に米澤の映像を送ってしまったということだ。

雲行きが早くも怪しい。東洋太平洋ランカークラスの選手ならば、いくらでも映像が出てきそうなものだが、なかなかめぼしいものが見つからない。「ＢｏｘＲｅｃ」という世界中のプロボクサーの戦績を載せた英語のインターネットサイトがあるのだが、イ・ウンチャンは韓国国内で何かのチャンピオンだという情報が出てきた程度で、何のチャンピオンだったかもわからない。韓国語というのがネックで、青木ジム周辺に理解できる人間がいないから、情報収集が進まない。

そしてこの頃、米澤は仕事の方でも苦しんでいた。

夜勤が続く中、僕が久しぶりにコールセンターを撮影しに行くと、米澤がいつもの事務机にいない。辺りを見回すと、誰もいない広いオフィスのどこからか、ウィーン、ウィーンという機械音が断続的に聞こえてくる。音を辿って探しに行くと、米澤がひとり、机の下に仰向けに寝転がり、電動ドリルを使っていた。

「何やってるんですか？」

「机の下に、パソコン吊るんです。この金具に吊り下げるんすよ」

机を広く使うために、数百台あるコールセンターのパソコン本体すべてを机の下に吊り下げる作業を命じられていた。これは吊り下げるための金具を、机の裏面に設置する工程だった。昼間は電話を受けるオペレーターが数多くいるため、皆が帰った夜中にしかできない作業だ。

午前二時、突然、手が止まる。電動ドリルを投げ出すように床に置いた米澤が呟く。

「指が痛くなってきた」

長時間、電動ドリルの振動を受け続け、指の感覚がおかしくなっている。さらに一晩中、オフィスの冷たい床に寝転がり、重い電動ドリルを机の裏面に向け続けなければならない。どうしたって腰、腕、上半身に負担がかかる。

「体はキツいっすよ、これは。どう転んだって」

運が悪いとしか言いようがない。この日は、試合まで三週間、ジムのトレーニングも佳境に差し掛かっていた。練習後のこの作業がどれだけ厳しいものか。本人はいたって明るく振る舞っているが、あと一週間は続くという。

おまけに、この日米澤は例の鶏肉さえ口にしなかった。前回、福山戦の時は二週間前まで通常の食事を続けていたのにおかしい。その点を指摘しても、「特に腹が減ってないんで」とぶっきらぼうな答えが返ってきただけだった。

# 21

六月二日。試合一八日前に待ちに待った映像が僕の手元に届く。韓国の制作会社に依頼して取材を進めていた次の対戦相手イ・ウンチャンの最新の姿だった。

現地ディレクターの報告によると、イ・ウンチャンはソウルにいた。身長は情報通り一八八センチ。元韓国ムエタイチャンピオンの肩書きを持ち、四年前にボクシングに転向後、東洋太平洋ランカーに名を連ねた逸材だ。東洋太平洋ランキングでは一四位だが、韓国国内ランキングでは二位。彼を育てているトレーナーは元IBF世界フライ級チャンピオンのクォン・スンチョン。六度防衛し、韓国では伝説となっている名選手だという。

プロフィール写真を見る限り、青木ジムサイドはやはり騙されていた。イ・ウンチャンは黒パンツではなく明らかに赤パンツの方だった。すぐに青木ジムに連絡を取ると、トレーナーの小林は、あれから詳しく調べたらしくすでに間違いを把握していた。今回の騒動は相手方が騙したのではなく、間に立った人間の勘違いだったらしい。さんざんインファイターを想定して練習してきたので大丈夫なのかと心配になったが、「作戦変更ですよ。でも、まあどちらかと言えば、米澤はあっちの方が闘いやすいと思う」と電話の向こうでは相変わらずの強気だった。

僕は、小林の言葉を念頭に韓国から送られてきた映像を見てみたのだが、気分が悪くなってしまった。米澤とスピードが違い過ぎる。福山も速かったが恐らくそれ以上だ。リングをものすごいスピードで旋回しながら、繰り出されるマシンガンのようなパンチはどれも鋭い。

映像の最後にあったインタビューも東洋太平洋ランカーの《格》がそのまま言葉に表れていた。しかも、格下の米澤のことをしっかり調べている。

「米澤さんは高校の時からグレコローマンのレスリング選手だったと聞いています。ボクシングに転向したとはいえ、まだそのスタイルが残っていると思います。それに備えて、力で勝てるような方法を選んでいます。元々僕はアウトボクサーのタイプですが、今回は相手に合わせてインファイターのスタイルで打ち合おうと思っています。というのは、体力的にも自信があるからです。目標は、今年中に東洋太平洋チャンピオン。次は、世界です」

指導する元世界チャンピオンも不敵な笑みを浮かべてインタビューに答えていた。

「今回勝って、次はもっと大きな試合に挑戦させようと思っています。とにかく面白い試合になると思いますよ」

彼らの照準は世界タイトルだ。目指すものの大きさが明らかに違っていた。

そんな中、挑戦を揺るがす事件が起こる。

試合一五日前。この日青木ジムに招かれていたのは、ヨネクラジム所属で、次の相手と同じ東洋太平洋ランキング二位の松本晋太郎《まつもとしんたろう》。しかも、米澤よりも一階級重いスーパーミドル級である。有吉会長が組んだこのスパーリングの意図は明白だった。

「東洋太平洋ランカーとやって、どれくらいの位置にいるのかっていうのが、わかりやすいかなあとは思います。格上なのは、わかってますけど」

有吉会長は、米澤が押されることは想定内である。この時点でどこまでできるのかを見ておいて、対策を考えたかったのだ。

ところが、この日米澤は予想外の善戦を見せる。終始、得意の接近戦で押し続ける。パンチを打たれてもそのまま打ち返し、東洋太平洋ランカー相手に、ほぼ互角の闘いを演じたのだ。判定ならば米澤の勝利となってもおかしくない内容だった。これには、トレーナーの小林が驚いていた。

「自信ついてきたんじゃないですかね。自分のやってきたことを信じられるというか。みんな年齢のこと言いますけど、三六歳でも成長していますし。とりあえず挑戦する姿を見てるのはいいですよね。伸びるというか。あいつは強くなりますよ」

こんなに米澤を褒める小林を見たのははじめてだった。逆境ばかりの状況が続く中、ボクサーとしては《最老年期》にあたる三六歳がここまで急成長した。

「やっぱり福山戦が大きいですよね。あんないい試合やって。ボクサーは一試合でがらっと変わるんすよ」

うまそうに煙草の煙を吐く小林。これが、指導者冥利だと言わんばかりの満足げな表情をしていた。

しかし、当の本人の様子がおかしい。今日のスパーリングの何が不満だったのか、険しい顔でサンドバッグを叩いている。ジムの中に戻った小林に気まずそうに近づいてくる。

「ちょっと調子が悪いんで、先帰らせてもらってもいいですか？」

「いいよ、いいよ。今日はよかったよ」

「……練習ありがとうございました」

米澤は突然、練習を打ち切った。慌てて追いかけると、真っ青な顔をして足を引きずるように歩いている。

「痛い動きっていうか、角度があって。やべえっていうか、思いっきり打てない……」

自宅に帰らず向かった先は、かかりつけの接骨院だった。

予約もしないで訪れたため、いつもの鍼灸師ではなく、はじめての担当が状態を診断する。

米澤に前屈をさせようとすると、指先が膝にも届かない。

「痛いっす……これ痛いっすね……」

明らかに腰の病気が急変していた。はじめて米澤の身体を触った鍼灸師は素直に驚いていた。

「これで練習してたんですか……?」

本番を想定した東洋太平洋ランカーとのスパーリング。自分でも驚くぐらいのできだった。やっと何かを摑みかけた、そんな矢先だった。

「ああ……くっそ!」

痛みに耐えながら、悔しさが漏れる。

一時間半程のマッサージを終え、接骨院を出た米澤は携帯電話を取り出した。

「すみません。ぎっくり腰やっちゃって、明日病院行くので、お休みもらいたいんですけど……すみません」

コールセンターに電話をしている。一三年間遅刻さえしなかった米澤が、突然休むことなどほとんどないのだろう。会社はすぐに了承した。

翌朝、病院の取材はもちろん米澤からNGが出た。僕が一緒に行くことさえ嫌がったが、外で話だけでも聞かせてほしいと強引に願い出た。腰がほとんど曲げられないほどの状態で試合などできるはずがない。僕は米澤の挑戦が、ここで終わることを覚悟していた。仮に医者に止められるならば、そこはドキュメンタリーとして撮らねばならない。試合ができずにプロボクサー人生を終えるならば、そこを撮らないで話は成立しない。こちらも意地だった。

米澤は、外で話をするくらいならと、嫌々了承した。

そうして病院の前で待つこと二時間。生気のない米澤が出てきた。

「……どうですか？」

「診てもらって、薬もらって、だいぶ楽になりました」

「……ボクシングができる状態なんですか？　医者はなんて診断した……」と言いかけた僕を米澤は遮《さえぎ》る。

「いや、そういう話にはならないです。そういう話いつもしない先生なんで。厳しいねって言っても、厳しい中でじゃあどうしようかっていう先生なんで。だから来てるんで」

米澤がわざわざ電車とバスを乗り継ぎ、一時間以上かけてこの病院に来ているのは、どんな状態であっても試合をやらせる医者がいるからだった。

「もし、ボクシングを止められるなら医者を変えます。もう、ここまで来てるし。現役続けるって決めたんで。それは、はい」

米澤は無表情に言い切った。

やめる、やめないの物語を想定していた取材者の想像を、米澤は真っ向から否定した。その眼差しの強さに僕は黙るしかなかった。引退後、どんな体になろうとも、ボクシングを最後までやり切るつもりだった。

この日もジムに向かう米澤の背中を撮影しながら、僕自身の何かが揺れ始めた。あくまで仕事として、冷静に取捨選択をしてカメラを回してきたつもりだったが、あんな普通では考えられない診断をする医者の話など、絶対に放送できない。しかし、米澤の常軌を逸した眼光に引きずられ、カメラは止められなかった。

思えば、この時を境に僕の意識は番組制作という枠からはみ出し始めたのかもしれない。

そして、そんな米澤の狂気のような意志さえも打ち砕かれる出来事が起きた。

## 22

それは六月八日。試合まで二週間を切り、最後の総仕上げとして行われたスパーリングだった。前回、互角の闘いができたことでいい練習相手だと思われたのか、松本晋太郎サイドから再び声がかかったのだ。そしてこの日は、試合と同じ八ラウンドが試されることとなった。

ジムに現れた米澤は、土曜日で仕事が休みだったにもかかわらず、表情は暗かった。けれど、その悪い状態でどこまで闘えるのか。米澤のセコンドとしても見極める必要があった。

異様な緊張感の中でスパーリングが始まった。

一ラウンド前半は、いつものような接近戦ができていた。ところが、中盤から突然、松本が東洋太平洋ランカーの本領を発揮し始める。米澤のガードの隙間からアッパーをきれいに決めてくる。アッパーを防ごうとすれば、フックに横つらを張り飛ばされ、フックをカバーしようと思えばストレートが突き刺さる。どう防御しても無駄だった。めった打ち状態で、ラウンド終了のゴングを聞く。圧倒的な力の差。これが東洋太平洋ランキング一二位のボクシングなのか。青木ジム全体が静まり返っていた。その中で、怒り心頭の小林の大声が響き渡る。

「KO負けだ、試合だったら。馬鹿じゃないだろう？　考えろ、脳みそ使え」

しかし、二ラウンド、米澤がいくら考えても打開策が見つからない。どう動いていいのかわからないから棒立ちになる。そこをまた打たれる。防御を固めるだけで、動けない。ほとんどサンドバッグのように打たれていた。三ラウンドになっても、四ラウンドになっても状況は変わらない。見かねた有吉会長は頭を抱えている。インターバルになって小林がハッパをかける。

「やめるか？　こんなんじゃ意味ないよ」

五ラウンド。さらに状況は悪化する。接近戦でも押し負け、ついには手数さえ出なくなってしまう。米澤の中で、何かが切れてしまった。戦意喪失、ただ時間が過ぎるのを待つだけのボクサーになっていた。

「打てねえだろう、そんなんじゃ。意味ねえだろう？　何やってんだよ！」

小林の怒号も届かない。このまま続けたら大怪我になる。

「ストップ！」

スパーリングは途中で中止となった。何が米澤に起きたのか。腰の不調で体が動かない以前に、闘う意志を放棄したように見えた。

有吉会長は松本のトレーナーに「申し訳ない……わざわざ来てもらって。申し訳ないです……」と平謝りしている。本来はこちらが出向かなければならない格上のボクサーに足を運んでもらって、その上、スパーリングを途中でやめさせてしまったのは青木ジムの信用に関わる問題だった。

小林は、黙って外へ出て行き、怒りを抑えようと煙草を吸っている。追いかけてきた米澤に気づくと、背中を向け、会話をしようともしないで、中へ戻っていく。ひとり取り残された米澤は、ジムの駐車場の片隅で金網にもたれかかり、うなだれている。これまで、どんなに体が苦しくとも闘う意志だけは失ったことはなかった。けれど、この時米澤の表情は、恐怖に怯えた、負け犬のそれだった。

一通り謝り終えた有吉会長も外へ出てきて煙草に火をつける。

重苦しい沈黙が長く続いた。ジムの中から、「シュッ！　シュ！」と激しい息づかいが聞こえてくる。見れば、力のあり余った東洋太平洋ランカーが、ジムで一番重いサンドバッグを壊さんばかりの勢いで打ちまくっている。僕は、あのサンドバッグがここまで揺れるのを見たことがない。この沈黙の中で、その音が米澤にどう聞こえていたのかわからないが、僕にとって、米澤が一二日後に同じランキングにいるボクサーと闘うことに現実感がなくなっていった。あまりにも実力差があり過ぎる。それだけがリアルだった。

　ぼんやりとそんなことを考えながら、どれくらい時間が経っただろうか。

「米澤、ちょっと来い」会長の声にハッと意識が戻る。ふらふらと立ち上がった米澤は、会長の前に正座する。初夏とはいえ、コンクリートの地べたはひんやり冷たいはずだ。

　有吉会長は、下を向いた米澤の表情をじっと窺う。どうしたらこの戦意を失ったボクサーを奮い立たせることができるのか。

「試合やめるか？　やれねえだろ、あれじゃ。やめるなら今のうちだ」

　考えに考え抜いたあげく、ハッパをかけた。

「やらせてください」その一言が聞きたかったのだろう。

　ところが米澤の口から出たのは、思いもよらぬ言葉だった。

「キャンセルできるなら、キャンセルお願いします」

　今度は会長が絶句した。これまでどんなに無様なスパーリングをしても、叱咤激励で再び立ち上がるのがこのボクサーだったはず。

「やめんの……？　ほんとにやめんの？」

　米澤がうなずく。もう何を言っても通じない目をしていた。

　また沈黙が続く。

　じっと見つめていた有吉会長がふっと力を抜き、何かを諦めたかのように告げる。

「風邪引くから、シャワー浴びてこい」

青木ジムの表では様々な話し合いがなされる（撮影＝小田振一郎）

米澤がジムのシャワー室へ入っていった後も、有吉会長はひとり、長いこと頭を抱えていた。「あーあ……」ため息が聞こえてくる。しばらくしてようやく僕がいたことに気付くと、憔悴しきった様子で話しかけてくる。

「もう、しょうがないですね……これで番組になります？」

この時点で有吉会長は、キャンセルを決めていた。こんな弱気な人間をリングに上げたら、おそらく大怪我をする。米澤の《ボクシング後》の人生を考えたら、五体満足な今、やめた方がいい。

ジムの中を覗くと、今度はトレーナーの小林と米澤が向かい合っている。二人が何を話し合っていたのか、僕にはわからない。小林が必死に何かを語りかけている姿が見えるだけだった。

もしかしたら、この日の出来事が米澤の素直な本音を引き出したのかもしれない。「キャンセルさせてください」はずっとずっと、喉元まで出掛かっていた言葉だったのかもしれない。

福山戦の後に、たまたま会長やトレーナーがいない日に話していた言葉を思い出す。

「こないだ大学の後輩が東京に来たんですよ。滋賀の方で鍼灸師やってるやつで。四年前に独立して、結婚もしてて。話を聞いてるうちに、俺、何やってんだろうなって思っちゃったんですよ」

「ボクシングやってるじゃないですか？」

「いや、やってますけど。やってるんですけど、ふとね。ふと。なんか一緒にふざけ合った後輩がね、今では経営者やって、ちゃんと生計立ててるんすよ。それ知っちゃうと、俺はいったいどうなのかなって……ってまあ、その時だけですけどね。いまは全然そんなこと考えてないんで、あれなんですけど」

どうして突然そんな話を僕にしたのか、その時はわからなかった。いま思えば、福山戦を終えた米澤のどこかに、もう《やり切った》という気持ちが生まれていたのかもしれない。《普通の人生》に戻る潮時を感じていたのかもしれない。それを後押ししたのが、この日の東洋太平洋ランカーの圧倒的な力だったのかもしれない。

トレーナーと米澤の話し合いは長く続いた。離れて見守るしかなかった僕にかすかに聞こえてきたのは、「弱虫、卒業するんだろ?」「今卒業しないでいつするんだよ?」こんな言葉だった。

突然、米澤が小林に膝をついて、頭を下げた。

「もう一度チャンスください」

「俺に頼むなよ、会長に頼んでこい」

なぜ、再び翻意したのか、僕にはわからない。二人は、ジムの外で煙草を吸っている有吉会長の下に向かった。

「もう一度チャンスください」

しかし、興行の責任者は許さなかった。

「さっきやめるって言っただろ？　一九、二〇歳のガキと話してんじゃねえんだぞ。一回やめるって言ったら終わりだよ、まじで」

「逃げたままで終わりたくないんで」

「さっき逃げたじゃねえかよ……やられたらやり返すくらいの気持ちがないと、おしまいだよ、この世界。このままやっても、いい試合できるとは思えない」

有吉会長は、話を打ち切り、ジムの中へ戻っていった。「会長！」呼び止めるトレーナーの言葉も届かない。小林は困り果てていた。一旦決めたあの会長は、てこでも動かない性格なのを知っているからだ。おそらく試合はできない。

「どこか喫茶店でも行って、頭冷やしてこい。ちゃんと考えて、自分がどうしてやめるなんて言ったのか、会長に整理して伝えろ」

そう言う小林も顔が青ざめていた。

米澤はふらふらとジムから離れていった。たった五〇メートルを五分以上かけて歩き、喫茶室ルノワールに入って行った。

日が傾いていた。梅雨の最中、よく晴れた一日だった。

ドキュメンタリーの作り手としては、このハプニングを物語のピークにすえて、構成を考えるという《おいしい》シーンになったのかもしれない。だけど、そんな甘っちょろい状況ではなかった。このまま試合を中止すれば、米澤の精神が危ういように思えた。思い詰めたこのボクサーは何をするかわからない。《すべてがなくなったら楽だなあ》

という呟きを僕は覚えている。《自殺》ということさえ頭をよぎる。

しかし、仮に試合をしても、惨敗は目に見えていた。意識不明となって病院に担ぎ込まれ、再起不能になってしまったら、どうなるのか。

すべてが崖っぷちだった。どの道を選んでも、修羅が待っていた。

喫茶店から出てきた米澤は、真っ直ぐに会長の下へ行った。そして、頭を下げた。

「もう一度チャンスをください」

そこから数時間、有吉会長と小林と米澤の話し合いは続いた。もう、僕のような余所者が立ち入れる空気ではない。遠くガラス越しに、ジムの責任者の厳しい顔を見る限り、米澤の申し出を拒否している。その声は何一つ僕には聞こえなかったが、数時間も怒り続ける男の表情を見ていると、簡単には受け入れないというポーズではないように思えた。「キャンセル」という言葉を口に出し、トレーナーに説得されてすぐにもう一度やらせてほしいと願い出たこのボクサーの《魂》を信じられなくなっているように思えた。

《誰かに言われたから、お前は闘うのか》

そんな問いかけが聞こえてくるようだった――。

## 23

もう辺りがすっかり暗くなった頃、米澤がジムから出てきた。《次のスパーリングの内容で、試合をやるかどうか決める》と言い渡されたという。

「自分でもなんか……どうしていいかわからなくて……わからないから、わからないから、こう、突発的に『やめます』って言っちゃったんだろうと思うんですけど……」

「わからない」を何度も繰り返した。僕は「やるにしろ、やめるにしろ、どちらでもいい。番組はなんとかなるから」と伝えるしかなかった。本当は試合前提で放送が決まっていたので、大混乱になることは確実だったが、もうどうでもよくなっていた。それを聞くと、少し安心したような顔をして米澤はアパートに消えていった。


翌朝、米澤はいつもトレーニングする沼袋の公園に姿を現さなかった。メールを送っても返事が来ない。電話をかけても出ない。仕方なく僕はその公園で待った。

そこは敷地が広いわりに遊具がほとんどない公園で、大きな木がいくつも立っている林のような場所だ。ここで朝日が差し込む中、ロードワークを終えた米澤がシャドーボクシングをする光景を何度も見てきた。一本の木を相手に見立て、周囲を回りながらシャドーをする。長く伸びたボクサーの影が旋回し、ジャッジャッと土の擦れる音が静かな朝に響き渡る——。美しいなと思った瞬間だった。けれど、もう二度とそんな風景は見られないのかもしれない。

そんな感傷に浸っていると、あっという間に太陽は天高く昇り、公園全体が木陰に入ってしまった。まだ返事が来ない。

昼一二時を回り、三時になった。だんだん僕自身にいったいこれから何を撮りたいのだろうと疑問が湧いてくる。取材を受けたくないから返信がないのだろうが、日がな一日、公園のベンチで待ってまで、自分は何を撮ろうとしているのだろう。再出発への決意？　やっぱりやめるという諦め？　いずれにせよ、別段、今日撮らなければならないというものではない。後日、ジムで待てばよいのだ。

それでもその公園から離れられなかった。ただ携帯電話が鳴るのを待ち続けた。その時は、なぜだかわからなかったが、僕はおそらく取材どうこうというよりも、米澤が《生きている》ことの確認がしたかったのかもしれない。夜まで連絡がつかないようだったらアパートまで押し掛けようと思っていた。

だいぶ日が暮れて公園の電灯がついた頃、ようやく米澤からメールが届いた。生きていた。すぐに僕がまだ公園にいることを伝えると、アパートから出てきた。傍らには、みな子さんがいた。二人の様子を見て僕はようやくその日が日曜日であることに気づいた。日曜日はみな子さんも休日で、もしかしたら、ずっと米澤に寄り添っていたのかもしれない。朝から夕方まで公園で待っていて、結局、何を撮りたいのかもわからなかった僕は、正直ほっとした。みな子さんなら話し相手になってくれる。そう思った。

「話聞きました？」

「昨日、聞きました。まあ、結構よくあることだから。そういう時は何もしたくないっていう感じなんで。とことんまで落ち込むよね。たまに」

みな子さんに話しかけられ、米澤がようやく口を開く。

「そりゃ、落ち込むよ……」

「でも、悪い時ばっかりじゃないって。今までだってそんな時はいっぱいあったじゃん」

「確かに……」

力なく答える米澤をみな子さんは笑う。

「もうやめるって、何度言ったことか。そのたびにさ、まだちょっとやれそうな気がするって、言うよね？　私いつも思うんだけどさ、気持ちのグラフみたいなの作って、この時期はこう落ち込んで、また上がってって、グラフにしたらさ、わかりやすいんじゃない？　次の落ち込む時期も予想できるし、こっちの準備もできるからさ」

思わずこちらが笑ってしまった。米澤も少し頬が緩んでいた。

本当に不思議な人だった。この一昼夜、ボロボロになった米澤と六畳一間のワンルームで過ごし、散々愚痴も聞かされたことだろうが、まったく普段の様子と変わりがなかった。

「夕飯作るの面倒くさいから、コンビニおにぎりですませちゃおうかな。あ、でもテレビに映ったら私が普段から料理しないみたいに見えるかな……けどなあ……いま、一〇〇円セールやってるし」とか、ひとりで呟いている。米澤の落ち込みに巻き込まれるどころか、笑い飛ばしている。

「人生は一回きり。私は、ボクシングやめたっていいし、やりたいことなら、やればいいと思う」この日も明るく語りかけていた。僕は、何をしてもいい、とさらりと話すみな子さんを見ながら、人が人を愛するのは、何かをしているからではなく、何をしてもいいと思える人だからなのだと思った。

翌日、米澤から再び練習を始めたというメールが入った。


数日後、米澤がスパーリングをするというので、青木ジムに足を運んだ。《次のスパーリングの内容で、試合をやるかどうか決める》と有吉会長が話していたからだ。相手は、いつものパートナー海老根選手。米澤のスパーリングとなると、有吉会長や小林の大きな声が飛び交うのが通例だが、この日は、しんと静まり返っていた。ラウンドの合間にもセコンド陣は声をかけようとしない。無言で米澤を見つめる有吉会長の厳しい眼差しは《このボクサーに闘う気力はあるのか》その一点だけを見極めようとしているのではないかと思えた。重苦しい雰囲気で、米澤の体調も決していいとは思えなかったが、前回よりは手数を出し、前へ出るボクシングをしていた。ただ、相手が、東洋太平洋ランカーとはレベルが違うので次の試合の参考になることはほとんどない。セコンドの二人もそれはわかっている。その上で、試合をやるかどうか、この日、最終判断が下される。

二人のボクサーの荒い息とグローブの摩擦音だけが聞こえる異様なスパーリングだったが、最終六ラウンドが終わった瞬間、はじめて有吉会長が小さく呟いた。

「OK」

どうやらゴーサインが出たようだ。しかし、米澤に笑顔が戻るわけもなく、そのまま、サンドバッグに向かい、汗も拭わないで叩き続ける。淀んだような暗い眼光をたたえ、黙りこくったこのボクサーに何かが吹っ切れたということはなさそうだった。試合を決行しても、その先にあるのは間違いなく壮絶な未来だ。有吉会長の《OK》の言葉は、もう逃げられない闘いのゴングが鳴ったのと同じだった。

スパーリングが終わり、ようやく声がかけられそうな雰囲気となった有吉会長に聞いてみた。

「勝つために必要なものは?」

「(胸を指し) ここ。気持ち。体キツいのはわかってるんで、よけい気持ちが大事になるんで。ほんと今回ラストだし、それをプレッシャーに感じないで強さに変えてもらって。それはできると、信じて。大丈夫だと思います」

《信じて》その言葉に力を込めた。

## 24

六月一九日、午前一時。

米澤は今年二度目のバンコク、スワンナプーム空港に降り立った。バンコクは深夜にもかかわらず三〇度を超え、二月の時よりも蒸し暑かった。計量は、同日午後一時。一二時間後に迫っていた。普通のプロボクサーの海外遠征であれば、最低でも計量の一日前には現地入りし、現地の気候に身体を慣らす必要があったが、青木ジム一行は、費用を抑えるため、料金の安い深夜便に乗って海を渡った。

今回、トレーナーの小林はひとり別行動で、韓国・ソウル経由でバンコク入りし、この空港で待ち合わせることになっていた。これは青木ジムの精一杯の礼儀だ。本来、格上の東洋太平洋ランカーに試合をお願いするのであれば、米澤がソウルへ行くべきであったが、今度の決戦の舞台は、タイ・バンコクに設えた。韓国は礼節を重んじる儒教の国であり、だからこそ格下の米澤陣営は、トレーナーの小林をソウルまで派遣し、イ・ウンチャンをバンコクまで案内するという姿勢を見せ、マッチメイクを成功させたのだ。

しかし、ここまでするのには、切実な理由があった。韓国でやれば、当然、判定になった時には相手が有利だ。日本でやるとなると、今度はイ・ウンチャン側が簡単に首を縦に振らない。そこで、有吉会長は少しでも判定が不利にならない第三国で試合を組も

う と画策した。当然、彼のコネクションがあるのはタイ王国なので、知りうる限りのプロモーターに頭を下げ、韓国人と日本人の試合をバンコクの興行にもぐり込ませるという離れ業をやってのけたのだ。米澤も常識はずれの挑戦をしているが、この小さなジムの会長も常識的なマッチメイカーではない。

空港ゲートに小林に連れられた韓国陣営が現れた。イ・ウンチャンは事前情報通り大きい。身長一八八センチ。米澤よりも八センチ高く、リーチの違いはもっとある。両選手は握手を交わしたが、米澤はほとんど目を合わせない。相手は、余裕の笑顔。早くも格の違いを見せつけられている。

最後のスパーリングから会長と米澤の間にどんな会話が交わされたのか、僕にはわからないが、二人の間に、もうわだかまりはないようだった。いつもの関係に戻っているように見えた。

ただ、ちょっとした悶着があったのは宿泊の部屋決めの時だった。ホテルは前回と同じ、一泊二〇〇〇円の安宿で、同行者とツインの相部屋で節約するはずだった。ところが、チェックインしようとする有吉におずおずと米澤が近づいてくる。

「ひとり部屋にしてもらってもいいですか？」

「……いいよ、別に……」

そう答えたものの、有吉は当惑していた。ただでさえ金がかかっているのに、これ以上余計な出費をさせるなと、無言で意思表明していた。しかし米澤は続ける。

「お互い気を遣っちゃいそうで」

「あっそう?」

「僕は確実に気を遣っちゃうんで」

「いいよ」

「すみません」

米澤は明らかにナーバスになっていた。

やはり、と僕は思った。

今回、スワンナプーム空港で再会した小林が「あとどれくらい?」と何気なく聞くと、米澤は「九〇〇(グラム)です。飛行機にも乗ったから、三〇〇(グラム)は減ってると思うんで一晩眠れば大丈夫です」と気丈に答えていたが、実際、そんな安心できる数字なのかはわからない。

先日、職場のコールセンターで、試合三週間前にもかかわらず食事をまったく摂っていなかったことを思い出した。前回福山戦の時は、二週間前まで喫茶店でモーニングセットを食べていた。今回はやはり異常事態だったのだ。これまでならば、米澤は、どんなに夜勤が続いても日々の節制を計画的に行い、減量に苦しんだことはなかった。長年、レスリングや総合格闘技で体重調整を続けてきた経験が、徹底した自己管理を身につけさせていたからだ。

これはあくまでも推測に過ぎないが、おそらく米澤の減量計算が狂い始めている。三六歳も後半に差し掛かり、新陳代謝が悪くなってきたのだ。予想以上に体重が減らないのかもしれない。残り《六〇グラム》。これまでならば、一晩眠れば落とせる数字だったが、米澤は自分の身体が信用できなくなっているのかもしれない。

夜中の二時を回り、非常識な質問だと思ったが聞いてみた。

「これから、何かするんですか？」

「もう、今日は寝るだけなんで……」

「明日の朝は？」

「たぶん何もしないと思います。体重見てですけど……」

そう言って、ドアが閉められた。

走れば、体重は確実に落ちる。しかし、その後、回復が間に合うのか。そして腰に再び何かが起きたらもうアウトだ。次の相手ははじめての東洋太平洋ランカー。体調だけでも万全でありたかったが、三六歳八ヶ月という年齢がそれを許さなかった——。

僕はなんだか暗い気持ちになり、シンハービールをがぶ飲みして、さっさと眠ることにした。

六月一九日、午後一時。計量はあっさり終わった。あれから米澤が何をしたのかはわからない。プレッシャーに押し潰されそうになっているのはわかっていたので、これ以上、カメラで迷惑をかけたくはなかった。

けれど、無事計量をパスした米澤は、ようやく少し表情が緩んだ。

「会長、ありがとうございます」

そう言った米澤は、タイ特有の鶏粥、カオ・トム・ガイをがぶがぶ飲むように食べ、さらにチャーハンや大きな卵焼き、そしてフルーツの山盛りを二分かからず平らげていた。有吉会長や小林トレーナーは「急いで食べるなよ」と言いながら、自分たちは何も口にしないでビールばかり飲んでいる。

僕は何度見てもこの風景が好きだった。有吉会長は、カオ・トム・ガイに入れる調味料の配合を自ら買って出る。「これが一番旨いんだよ」と砂糖と魚醤と唐辛子とお酢をボクサーたちのために有吉会長なりのベストチョイスの配合で味付けしてやるのだ。それを選手が旨い旨い、と食べる。ビールを飲みながらセコンドの二人は楽しそうに見ている。これからどんな闘いになるのか想像がつかないその緊張感と、空腹が満たされる喜びの間に、僕はボクシングをやっているものにしかわからない幸福を見る。《高揚感》という言葉だけでは、うまく伝えられない。厳しい減量の果てに、さらに厳しい殴り合いが待っているのに、この人たちはこの瞬間だけは笑う。試合後には、敗者の屈辱にまみれるかもしれないし、はたまた勝利の喝采を浴びるかもしれないが、計量を乗り越えた後だけは、どのボクサーにも平等の幸福が待っているのだ。その儚さを会長もトレーナーも身をもって知っているし、だからこそ、練習では見せたことのない、優しい眼差しになってボクサーたちを見つめるのだ。その光景に僕は心を打たれてしまう。特に今回、米澤のキャンセル事件があっただけに、二人の柔らかさが余計に沁みる。そして、明日、負ければ今日の幸福が最後となることを、ここにいる誰もが受け止めていた。

25

六月二〇日、決戦当日。

お昼を回った頃、ホテルのロビーに現れた米澤は、もう一言も話さない。僕たち撮影チームも青木ジムのチャーターしたワゴンに乗せてもらう。いつもは選手を和ませようと軽口をたたく小林も黙ったまま外を見ている。車は、沈黙に包まれたまま静かに試合会場に向かっていった。

すると、到着したのは、競技場でもスタジアムでもなく、市民会館ですらなく、バンコクの下町にある中学校だった。その校庭にリングが据えられていた。どうやら学校行事としてプロボクシングの興行が組まれているようで、生徒に囲まれたリングの中で校長先生が挨拶している。格闘技が庶民の生活と深く結びつくタイ王国ならではの光景だった。

続いて青木ジム一行が案内された控え室は、いや、控え室という言葉はまったく当てはまらないところで、校庭の片隅に置かれた《一脚の椅子》だった。机さえない。周囲には、遊ぶ子どもたちがいて、日本人ボクサーを物珍しげに眺めている。どのボクサーも同じで、ベンチで寝そべりマッサージを受ける選手。バンデージを巻く選手。静かにシャドーを繰り返す選手。すぐそばで見ている子どもなど気にせずそれぞれ準備に余念がない。

米澤の対戦相手、イ・ウンチャンはこの状況に驚いているようだが、米澤は前回の経験があるので、動じる様子はない。対戦相手のすぐそばですべての準備をすることにも慣れている。

おそらく、この風変わりな環境のどれもこれもが有吉会長の作戦だ。まずこの蒸し暑さ。資料を見る限り、イ・ウンチャンは海外での試合経験がない。ということは、三〇度を優に超す炎天下、外で試合をした経験などないだろう。ソウルは、まだ肌寒さも残る梅雨の季節。そこからいきなりこの熱帯気候に放り込まれたショックはあるはずだ。加えて、この中学校というシチュエーション。子どもたちに囲まれ、雑音だらけの状況で集中力を高めなければならない。有吉会長は、きっとそれらすべてを見越して、この興行に試合を潜り込ませたのだ。そこまでやらなくてもいいのでは、と思う人もあるかもしれないが、有吉会長はどうしても米澤を勝たせたかった。どんな方法であれ、わずかでも勝利の可能性を探り、興行を仕込んだのだろう。

午後三時。いよいよ試合時間が迫ってきた。熱帯の日差しはどんどん強くなり、気温はもう三五度まで上昇している。動かなくても、じんわり汗が額に浮かんでくる熱気だ。八ラウンドの闘いは、厳しいものになるだろう。

「貸して」

トレーナーの小林からミットを受け取った有吉会長が珍しく米澤のパンチを受ける。僕が知る限りはじめてのことだった。

「アッパー気を付けて。そうそうそうそう。ラスト三〇で行け。その代わり一発気を付けて」

小林は、二人のミット打ちをじっと見つめていた。あえて会長の有吉が米澤の拳を受けようとしたことの意味を一番知っているのは、彼だった。こんな話を聞いた。

一〇年程前、小林のプロボクサー時代、トレーナーを務めたのは、有吉会長だった。二八歳の時、試合一ヶ月前に小林の父親が六二歳の若さで急死。故郷の三重に戻った小林は、四日程滞在しただけですぐにジムに戻ってきた。その時期に、一日でも休めば、影響は大きいからだ。

有吉会長は心配そうな顔をして迎えたが、小林はあえて「大丈夫っすよ」と気丈に振る舞った。すると、小林がサンドバッグを打ち始めた時、そのサンドバッグを有吉会長が抱えた。吊ってあるので、支える必要はないのにだ。

「なんかうれしかったっすね」

この日のことは、小林の記憶に強く残っている。それはまるで小林が父親の死の悲しみの中で打ち続けるパンチの重さを、身をもって受け止めようとしているかのようだった。小林はあらん限りの力でサンドバッグを打ち込みながら、これがトレーナーという仕事なんだと深く理解したという。

今日、負けはもちろんのこと、たとえ引き分けでも引退が決定的となる。勝つことで唯一、現役続行の望みがつながる。崖っぷちの闘いというのは比喩ではない。ただの事実だ。有吉会長がミットを構えたのも、最後になるかもしれない米澤の拳の感触を、人生を賭けるボクサーの魂を記憶したかったのかもしれない。

「次だ。行こう」

有吉会長の合図で米澤はリングサイドへ向かった。

## 26

結果から言うと、この日、米澤は判定で勝利した。

有吉会長も小林トレーナーも歓喜の雄叫びを上げた。興奮のあまり、いつもは努めて冷静な有吉会長でさえ「オヤジの執念ですね！」とカメラに向かってリップサービスをしてくれた。

ところが、リングを降りた当の本人はというと、首を傾げて「なんかなあ……」と呟いている。周りから「おめでとうございます！」と声をかけられても、「引退が延びました……」と語るのみで高揚した様子がない。すっきりしない表情で、カメラを回す僕に「どうでした？」と聞いてくる。僕もこの時は、「よかったです」とありきたりの感想しか言えなかった。正直言って、どうして勝てたのか、その時の僕にはわからなかったのだ。負けていたとも思わないが、勝っていたとも思わない。ぽかんとしてしまったというところか。

しかし、とにかく審判は、米澤の拳を天に掲げた。採点表を見ると、三人のジャッジは五九－五七、五九－五八、五九－五八というぎりぎりの僅差で米澤の勝利を判定していた。イ・ウンチャンがバンコクの暑さにやられてしまったのか。それとも米澤の実力が知らず知らずのうちに伸びていたのか——。

けれど、試合一二日前に、同じ東洋太平洋ランカーに手も足も出なかった三六歳八ヶ月のボクサーが突然成長するというのもなかなか想像できない。

日頃、有吉会長が繰り返していた「ボクシングには何があるかわからない」とはこのことなのだろうか。

僕は番組を編集するにあたってこの試合を何度も何度もパソコンで見返した。米澤の勝利を疑うわけではないが、《ボクシングには何があるかわからない》だけでは番組にはならない。なぜ勝てたのかを徹底検証し、視聴者に説明する必要があったのだ。

試合内容は、こうだ。

一ラウンド。お互い手の内を探り合う慎重な滑り出しだった。軽いジャブの応酬がしばらく続く。ただ、パンチを当てているのは、圧倒的にリーチの長いイ・ウンチャンだった。米澤のジャブはかわされるどころか、相手に届きさえしない。「中入れないか！」セコンドの小林が指示を出す。離れている限り、勝負にはならない。何がなんでも懐に飛び込む必要があった。

序盤、米澤が前へ躍り出てボディを狙うものの、簡単にかわされ、かわしざまに右ストレートを決められる。イ・ウンチャンのスピードは想像以上だった。元来この選手は相手と距離を置き、長いリーチを利用するアウトボクサーだ。また速さが特徴のキックボクシングで韓国チャンピオンにまで上り詰めた反射神経は、米澤の比ではない。体が柔らかく、上半身を鞭のようにしならせ繰り出すパンチは、ただでさえ長いリーチをより長く感じさせる。米澤にしてみれば、届かないと思ったら、予想以上に伸びてきて、殴られるといった印象だろうか。

開始早々から試合の主導権は完全に相手に握られていた。

しかし、試合が進むにつれて、困ったような表情をし始めたのは、不思議とイ・ウンチャンの方だったことに気付いた。

リングの傍らでカメラを回しながら、なぜ、イ・ウンチャンが米澤を仕留めきれないのかが、よくわからなかったが、撮影素材を繰り返し見ているうちに僕の中にこんな推論が浮かんできた。

身長差が八センチもある上に、米澤がレスリングスタイルの前傾姿勢をとり、加えて腰を低く落としているため、高低差がさらに大きくなっている。イ・ウンチャンの腹の高さくらいに米澤の頭があるのだ。そして米澤が両腕で亀のように顔のガードを固めているため、開いたボディにパンチを打ち込むしかないのだが、何度当てても米澤にそれほど苦しい表情が見えないのは、ボディの位置が低過ぎてあまり力が込められないのではないか。これはあくまでも推論に過ぎないのだが、いずれにせよレスリングを取り入れた米澤の奇妙な構えがイ・ウンチャンにとって《やりづらそうに》見えるのは確かだった。これは予想もしない副産物だった。

試合は攻め続けているはずのイ・ウンチャンに困惑した表情が浮かぶという奇妙な展開のまま、「ラスト三〇！」「三〇行け！」という日本語の叫び声を聞く。事前の作戦通り、米澤ががむしゃらに前へ出る。相手を体でコーナーへ押し込み、組み合ったままボディへパンチを連打する。イ・ウンチャンが嫌がり、ガードを下げると、今度は右アッパーと左フックのコンビネーションを顔面に打ち込む。はじめてのクリーンヒットだ。ここでイ・ウンチャンが突然、冷静さを失ったかのように接近戦の打ち合いを挑んでくる。会場のボルテージが一気に上がったところで、一ラウンドが終わる。

青コーナーに戻ってきた米澤にトレーナーの小林は声をかける。

「よしよし。いつも通りの立ち上がりだ」

有吉会長も「ボディいいよ。ボディ効いているよ。まだ二ラウンドだからボディ行け！」と作戦に誤りがなかったことを自信満々に伝える。米澤の表情に迷いはなかった。

二ラウンドに入ると、試合が急展開を迎える。いきなりイ・ウンチャンが仕留めにかかってきた。世界チャンピオンを目指すならば、米澤レベルの相手に足など使う必要はない。正面から叩きのめさなければ、練習にさえならないということだろう。

米澤は相変わらず低い位置に構えたまま、猛攻を耐え忍ぶ。厳しい時間だった。そして、二ラウンド一分三〇秒。一番恐れていた事態が起こる。

出血だった。

イ・ウンチャンのパンチの嵐を浴びながら、米澤が必死に前に出ようとした時、勢い余って顔が相手の額にぶつかってしまったのだ。米澤の左目の辺りが見る見るうちに赤く染まっていく。相手はチャンスと見たのか、火がついたような猛ラッシュを仕掛けてくる。米澤の顔から鮮血がほとばしり、次第に足が止まり始め、手数も少なくなっていく。「くっつけって！」トレーナーの小林がたまらず叫ぶ。米澤はなんとかクリンチで逃げる。

両者の動きが止まった時、米澤の左まぶたの上がぱっくり割れているのが見えた。そこは前回、福山戦の激闘で深く切れた箇所。傷口が再び開いたのだ。過密な連戦のつけが、ここに出てしまった。

これは有吉会長が最も心配していた展開だった。

なぜならムエタイが盛んなタイ・バンコクでは、肘鉄による出血事故が多いため、出血すればすぐに試合が止められる傾向があるのだ。しきりにレフリーは米澤の顔を見る。偶然にぶつかってしまったバッティングは減点対象にはならないが、出血がひどくなり、四ラウンド以内に止められれば、たとえ優勢であっても無効試合となり、米澤の挑戦は終わる。止められる前に倒すしか勝利の道は残されていない。

グローブで血を確認した米澤はここから再び息を吹き返す。いや、吹き返したというよりもなりふり構わぬ闘いを始める。《出血したら終わり》というタイ特有の現実を有吉会長から嫌というほど、聞かされていたのだ。

米澤は、イ・ウンチャンがパンチを放つと同時に、ボディを放つ。打たれるが、自分も相手の勢いを借りた強烈なパンチを打ち込むことができる。ほとんど我慢比べのような消耗戦にうって出た。だが、その代償は当然ながら、多量の出血という形で目に見えてくる。

二ラウンド終了直前、ついに審判が試合を止める。米澤にドクターチェックを促した。あと数秒。ほんの二、三秒すれば、止血に入ることができたのに。青木ジムサイドは悔しそうにドクターを見つめている。

二〇秒は診ていただろうか。その間、誰ひとり口をきくものはいない。いつだって騒がしいバンコクのリングが静まり返っていた。

「GO」

ドクターの小さな声が聞こえる。試合続行だった。すぐに二ラウンド終了のゴングも鳴る。観客席から拍手が起き、セコンドの二人は安堵の溜息をつく。

コーナーに戻ってきた米澤は「あー！」と苛立ちを大声に出す。米澤は明らかに焦っていた。バッティングの不運を嘆き、怒りを露にしていた。

早速、止血に入った小林がほっとしたように声をかける。

「全然、目の上じゃないから大丈夫だ」

幸い開いてしまった傷口は、目の真上ではなかった。少し脇にそれていたので、出血しても視界を遮る可能性は少ない。

しかし、問題は何も解決してはいなかった。ドクターストップと傷口の位置にはなんの関係もないからだ。試合を止めるかどうかは、出血しているかどうか、その一点だ。

小林が作戦の確認をする。

「どうするんだ？」

「一発狙うんで、多少（パンチ）もらってもいいから、前に出て」

もう倒すしかないという意識が米澤の頭に血を上らせていた。トレーナーが即座に諭す。

「ダメ。もらったらダメ。まだ勝負する必要ない。勝負しなくていい。しっかりガードして、ロープに押し込んで。押せないの？」

「押せます」

「押し込めるんだったら、ロープに押し込んで、ポンポンポンとボディ。それが米澤のボクシング。だろ?」

「はい」

「ラスト三〇しっかりな」

「はい」

米澤はコーナーを飛び出していった。


三ラウンド。米澤はセコンドの指示を少しだけ裏切った。開始一〇秒、いきなり相手の懐に飛び込み、敵方のロープに押し込むと、ボディの連打を叩き込む。初っ端から勝負に出た。鈍い音がこちらまで聞こえる強烈なパンチだった。不意をつかれたイ・ウンチャンは顔を歪ませる。しかし、堪える。堪えながらすぐさま同じ数だけ、フックのラッシュを見舞い、米澤の突進を弾き返す。あくまで力勝負をするという、東洋太平洋ランカーのプライドだった。時折、米澤はボディに行くと見せかけて、右のアッパーと左のフックのコンビネーションを織り交ぜていく。それまで徹底的にボディのイメージを植え付けていたせいか、この右左が何度も相手のあごを捉える。決して致命的なダメージを与えるような力強さはないが、確かに当たっているので、イ・ウンチャンは嫌そうだ。手数で言えば、ほぼ互角。米澤が前に出て、それを追い払うイ・ウンチャンという関係が続く。

四ラウンドも、同様の攻防が続く。米澤も苦しかった。ただこの三六歳八ヶ月のボクサーにとっては、勝ち負け以前に、四ラウンドを乗り切るかどうかが、目の前のすべてだった。四ラウンドを最後まで闘い抜き、五ラウンドのゴングを聞けば、以降、たとえドクターストップがかかっても、試合は成立し、勝負は判定に持ち込まれる。ボクシング人生を《無効試合》という無様な結末で終わりたくはない。その一点が、彼を突き動かしていた。

だから、もし、僕が「なぜ米澤がこの試合に勝てたのか」と聞かれたならば「米澤が二ラウンドで出血したから」と答えるだろう。攻め続けていれば、多少顔に血が流れようと止められることはない。逆に言えば《攻め続けなければ終わり》という状況がなければ、この日の闘いはなかったと想像するのだ。

試合五日前まで続いた夜勤で体内時計は狂い、減量に失敗。体重を無理矢理減らして計量をパスした。腰の病気も、一度は引退を考えた二〇一二年の一二月以来の最悪の状態だった。試合直前にスパーリングで東洋太平洋ランカーに惨敗し、米澤唯一の取り柄、《闘う気持ち》さえ折れた。どこをどう考えても何一つ勝てる要素はないはずだった。しかし、現実、米澤は東洋太平洋ランカーとまともに打ち合っている。凌駕さえしている。

意志が人を変えるのではない。状況が意志を超えたものを引き出すのだ。ライオンに追いかけられたら、一〇〇メートルの世界記録が出るのではないかという論法だ。

四ラウンドも終盤に差し掛かり、おそらく太腿の痺れも始まっているはずなのに、米澤のパンチ力は衰えるどころか、むしろ増していった。イ・ウンチャンは少しずつ後ずさりを始め、二分五三秒。米澤渾身の右ボディが決まったところで、このラウンドが終わる。

「米澤これ、チャンスなんだぞ。勝てるからね」

「はい！」

インターバルの間、青木ジムのセコンドは、「もしかしたら」という興奮が抑えきれないようだった。同時に四ラウンドという大きな壁を越えたことで、米澤の集中力が切れることを心配し始めていた。

「パンチを出すのは、くっついて、から。入りながら打たなくていい。くっついて、から、だからね」

何度もくっついて《から》を強調するトレーナーの小林。これまで高い集中力を保っていたからこそ、がむしゃらにパンチを振るいながら前に出続けられた。しかし、後半、精神が一瞬、緩む時が確実に来る。そんな中、防御を固めず前に出て行けば、その隙をイ・ウンチャンが逃すはずがない。ガードをしっかりして、とにかく近づいて《から》ボディを打て。

そして有吉会長は、一度は失ってしまった米澤の気持ちを今こそ取り戻そうと声をかける。

「勝てるから自信持っていけよ！」

「はい！」

そう答えた米澤は、この試合はじめての笑顔を見せた。

五ラウンド。米澤はしっかり顔を両腕でガードしながら前に出る。狙い通りの超接近戦だ。

「くっついてから！　そう、今がチャンスなんだよ！」

小林も声を嗄らして、勝負の時を伝える。そして米澤は勢いよく右左のボディを打ち込んでいく。相手が嫌がってクリンチに逃げてきた。その時のことだった。イ・ウンチャンの腕に押さえつけられた時、なぜか米澤は反発することなく崩れる。ふにゃっと力が抜けたように膝が折れ、マットに膝をついてしまった。

「スリップ！」

ジャッジの声は、これがダウンではないことを告げるが、何かがおかしい。「押し込め！　押し込め！」有吉会長の叫びに促され、全身でロープ際に追い詰めようとするが、逆に相手の腕に跳ね返され、反対のロープまで弾き飛ばされる。間一髪、踏ん張って倒れはしなかったが、マットに転がってもおかしくはなかった。腕で押すのは反則なのでジャッジも注意を促すが、そんな状況はこれまで何度もあり、一度も押し負けることはなかった。何がなんでも前へ。米澤は死に物狂いで前へ向かおうとしているが、足がついてこない。

またしてもこの時、米澤には《脊柱管狭窄症》の症状が出始めていた。これはもう精神力ではどうにもならない物理的な問題だった。

そして五ラウンド一分一六秒。再び米澤が押し返され、ほんの一瞬、二人の間に距離が生まれた時だった。イ・ウンチャンは、長いリーチをうならせ強烈な右フックを叩き込む。これは効いた。意識が飛びかけたのか、米澤は棒立ちに近い状態になる。「追え！　追え！」セコンドの叫び声にはっとして、ふらふらと近づいていくが、生気を失った顔をして、パンチを出そうともしない。

この瞬間が試合の分岐点だったと思う。ふらふらになった米澤に対し、なぜかイ・ウンチャンは追撃のパンチを打たなかった。米澤のクリンチに付き合い、休む時間を与えてしまう。見れば、真っ赤な顔に滝のような汗をしたたらせ、大きく口を開けて息をしている。彼もまた休息を必要としていたのだ。三五度を超える猛暑の中、自らのアウトボクシングを放り投げ、相手の土俵で強引に打ち合いを続けた東洋太平洋ランカーのプライドが、彼のスタミナを奪い去っていた。

もし、あの時、イ・ウンチャンにラッシュを仕掛ける余力があれば、米澤の勝利はなかっただろう。勝負のタイミングを少しだけ見誤ってしまったイ・ウンチャンの不運に助けられた。

束の間の休息を経て、意識を取り戻した米澤は再び前へ出る。距離を置いた瞬間にやられる、その恐怖を米澤は体に叩きこみ、五ラウンドの消耗戦を凌ぎきった。

インターバルの間、トレーナーの小林は問いかける。

「押す力あるの？」

「……」

米澤は一生懸命うなずこうとしているのだが、嘘のつけないこのボクサーは、首を縦に振ることができない。「も、もう……」と言いかけたところで、有吉会長が大きな声で遮る。

「押す力、お前の方があるよ！　全然あるよ！」

この力強い声がこのボクサーに魔法をかける。米澤は深くうなずき、大きな声で「ですよね？」と答えを返す。なくてもある。あることにして闘う。医学や科学などもう関係ない。現代スポーツの常識など打ち壊せ。

「ボディも打てるだろ？」

「はい！」

その勢いでコーナーから飛び出していった。

六ラウンド。止まらない出血も痺れた足も、何もかも引きずりながら、米澤は突進を止めなかった。

愚直に前へ。そしてボディ。

ひたすらボディ、ボディ、ボディ。

決して美しいボクシングではない。見ていて痛快なボクシングでもない。わかりにくく、地味。けれどそれが米澤だった。繰り返すが、このボクサーには何かに秀でたものがない。巧みな技術もスピードも、優れた反射神経もない。おまけに眼鏡をかけなければ仕事ができないほど、視力も悪い。さらには劣勢を一発でひっくり返すパンチ力もない。そんな米澤に優れたところをあえて探すとすれば、自分自身の才能のなさを心の底まで自覚していたという点ではないだろうか。だからここまで、ひたむきにボディが打てる。

僕がこの試合を近くで撮影しながら感動に至らなかったのは、素人目にも米澤のボクシングが地味過ぎたのだ。ディレクターという立場で彼のスタイルを研究し、できるだけ理解してきたつもりだったが、予想を遥かに超えて地味だった。しかし、試合映像を何十回も繰り返し見ていると、米澤がどれだけ小さなパンチを数多く当てていたかがわかってきた。離れて見ていると、ほとんど意味をなさないような、か弱いパンチでも、ひたすらに打ち続ければ確かにダメージを与えていたのだ。そのことがだんだんわかってくると、僕の方にもじわじわ感動が訪れてきた。審判が出血している左目を見ようとすると、さりげなく顔を背け、できるだけ審判を右側に置こうと努力していたこともわかってきて、それもまた妙な感動を呼び起こす。

そして六ラウンド、一分二二秒。ついに米澤の出血にドクターストップがかかり、試合終了。

偶然のバッティングによる出血は、判定にマイナスにはならず、三一〇で米澤が勝利の凱歌をあげる。採点結果は三人のジャッジがそれぞれ二点差、一点差、一点差をつける僅差ではあったが、米澤の地味なボディをちゃんと見ていてくれた。この勝利は、まぐれでも偶然でもなんでもなく、決してひるむことなく前に出て、こつこつ小さなパンチを当て続けた米澤の姿勢を正当に評価したものだった。


リングを降りた米澤に、仲間が駆け寄る。

「勝った、勝った。すげえ。おめでとうございます！」

しかし、当の本人は喜びを爆発させることもなく、まだ自分の勝利を信じられないかのように「ぎりぎり、なんとか……引退が延びました」と苦く笑っている。

一方、会長とトレーナーは、もう酒でも飲んでいるかのようにはしゃいでいた。青木ジム、現在ただひとりの東洋太平洋ランカーの誕生である。しかもミドル級。この階級は世界で最も層が厚く、また最も人気の高い重量級であるため、上へ行けば億単位のファイトマネーが動く。青木ジムのような決して名門とは言いがたい、小さなジムの人間にとって、ほとんど夢の世界に紛れ込んでしまったような高揚感があるのかもしれない。

有吉会長に勝因を問うと、紅潮した面持ちで声を張り上げる。

「前進が評価されたというか……執念ですね！」

隣にいた小林がすぐにギャグで補足する。

「オヤジの執念で勝ちました！」

「そうですオヤジの執念です！」

一同は大爆笑だった。すると、

「チャンピオン戦も行けるんじゃないですか？」

こちらの何気ない問いかけに、一瞬、ぽかんとして二人が止まった。

「？」

まさか今日勝つとは思っておらず、その後の展開までまったく考えていなかったに違いない。この日の勝利によって、米澤は東洋太平洋ランキングに昇格し、東洋太平洋チャンピオンへ挑戦する権利を確かに得たのだ。

「タイトルマッチ……やりますか？」

有吉会長のその言葉が自らを昂らせ、声に力がこもっていく。

「やっちゃいますか？」

「やっちゃいましょう！」

再びの大団円。バンコクの暑さなど、誰も彼も忘れていた。夢がどんどん広がっていく。

煙草を吸いに外へ歩いていった有吉会長と小林が、二人きりになった時、がっしり交わした握手を僕は忘れることができない。今夜は長い祝勝会になるだろう。ちょっとやそっとのアルコールでは、この興奮は収まりそうもなかった。いや、収めるつもりなど彼らにはないのかもしれない。アルコールをガソリンにして、さらなる夢を花咲かせるのかもしれない。

そんな中、米澤はひとり、中学校の水飲み場で顔を洗い、着替えをすませながら、試合を反芻していた。浮かない顔をして「こんな日もあるか……」と呟いている。その冷静さに思わずはっとしてしまう。

カメラを回している僕に気付くと「こんな日もありますよね?」と同意を求めてくる。「あると思う」と相槌を打てば「やっぱりありますよね……」と無理に安心し、自分を納得させようとしている。何が不満なのだろうか。

四ヶ月前、同じバンコクでB級ボクサーのノンピタヤコムに勝った時は、「やっとスタート地点に立てました」と意気軒昂、自信溢れる表情をしていた。今度は、それとは比べものにならない大躍進だ。日本はおろかアジア、オセアニアまでをも含む東洋太平洋ランキングで一四番目の実力のボクサーに勝ったのだ。はじめて日の目を見たといってもよい。

試合後、たまたま試合を見ていた日本のボクシング雑誌の記者や現地スポーツ紙の取材も受けた。誰もがこの番狂わせに驚き、慌てて米澤を追いかけてきたのだ。しかし、周りが騒げば騒ぐほど、このボクサーの心は静まり返っていくようだった——。

僕は、その夜の祝勝会を早めに辞した。酒宴の席でも米澤の表情は晴れず、気になってあまり酔えなかったのだ。勝って番組は盛り上がってくるし、米澤のキャリアとしても十分なものになったし、何も悪いことはないのだが、仲間たちに酔いが回るにつれて、語られる夢が空高く飛翔するにつれて、ますます米澤の《弾けなさ》が際立っていく。僕はなんとなく居心地が悪くて店を出た。

六月のバンコクの夜は、燃えるように暑かった。通りに出ると、屋台から吐き出されるもうもうとした煙に息が詰まり、ショッキングピンクの派手なネオンが目に突き刺さってくる。誰も彼もが酔っぱらい、熱に浮かされたかのような歓楽街を歩きながら、米澤の暗い面影が頭から離れない。

これからあのボクサーにどんな闘いが待っているのだろう。今回の東洋太平洋ランキング一四位でさえ、もうすでに米澤のキャパシティーは超えていた。今日の奇跡が何の始まりなのか、僕には想像もつかなかった。バンコクの夜が更けていけばいくほど、僕の混乱には拍車がかかっていった。

## 27

日本への帰路、僕は泥のように眠っていた。

前回のタイ遠征と同じく、試合後にホテルを出発したのは午前二時。それから十二時間以上にわたる強行軍でくたびれ果てていた。道中、一応青木ジムの面々と一緒の行動なのだが、僕はいくら寝ても体が重く、取材どころかただ眠っていた。積もりに積もった疲労に打ちのめされていたのだ。

しかし、それは成田空港の帰りの電車でのことだった。ふと目を覚ますと、車内の反対側の席に座っていた有吉会長が強烈な眼差しでこちらを見ている。そして僕が起きるのを待っていたかのように隣へやってきた。

「山本さん、今ちょっと話していいですか？」

その表情にはのんきに寝ていた僕を叱責するような迫力があった。

「はい……」

「この先も取材は続きますか？」

「……続くと思います」

「それ、確実ですか？」

「……僕一人で決められることではないですけど、チャンピオンを目指すドキュメンタリー番組で、その挑戦権を獲得したところで終わることはないと思います。視聴者が許さないでしょう」

「そうですか……正式決定はいつ頃になりますか？」

有吉会長には念入りに取材が続くのか確かめられた。バンコクの祝勝会でどんな《今後》が話し合われたのか、こちらは知る由もないが、何度も確認する有吉会長の目にはギラギラと光るものがあった。僕が「もし、タイトルマッチが実現するならば、どんな場所であれ、確実にカメラを入れる」と告げると、「放映権料も発生するかもしれないが、それでも大丈夫か?」と続けて尋ねてくる。当然、無料で放送できるとは思っていないと答えると、安心したかのように「わかりました」と言ったきり黙り込み、自分の席に戻っていった。

プロボクシングは、スポーツであると同時に興行である。銭勘定がどうしたって付いて回る。ジム同士の政治的な力関係も、試合成立に大きく関係している。ましてやタイトルマッチともなれば、これまでとは比べ物にならないほど煩雑な手続きが必要となってくる。

そして、ふと気付いた。米澤はこの時、東洋太平洋ランキング一四位に入ったばかりの下位ボクサーなのだと。通常、ランキング一四位のボクサーが、いきなりチャンピオンへ挑戦することなどまずあり得ない。挑戦権は獲得したが、それはあくまで書面上、ルール上のことで、実際、上に一三人もの強者ランカーがいて、全員が手ぐすねを引いて、チャンピオンベルトを狙っているのだ。ランキングの下位ボクサーは何試合も勝ち抜き、順位を徐々に上げ、上位に食い込んでようやく、タイトルマッチのチャンスをもらえるかどうか。それがこの世界の常識だ。ロンドンオリンピック金メダリストの村田《むらた》諒太《りょうた》選手のような例はあるが、彼は日本プロボクシングの歴史でも唯一無二の特例であって、七勝七敗二分けという平凡な戦績の米澤が当てはまるはずもない。

車窓をじっと眺める有吉会長の頭には何が去来していたのだろう。タイトルマッチ成立の《あて》が本当にあったのだろうか。

この日は、六月二一日。米澤が引退を迫られる三七歳の誕生日、一〇月一八日まで、四ヶ月を切っている。徐々に順位を上げている余裕などまったくないということだ。無理矢理試合をねじ込んで、あと二つ。有吉会長が思い描く青写真を仮定すると、まず二ヶ月以内にランキング上位のボクサーを倒し、さらに残り二ヶ月の中で、チャンピオンが試合を受けてくれる。こんな宝くじを買うような、万に一つの僥倖だろうか。まともな指導者ならば、米澤のタイトルマッチなど、想像すらしない《ファンタジー》に過ぎないだろう。だが、有吉会長の眼差しには、そんな冷静さなど微塵もないように見えた。バンコクでの奇跡の勝利が、このボクシングジムの会長の何かを狂わせ始めていた。たがを外そうとしていた。そして、隣に座る僕自身にもその熱がいつの間にか伝染してしまっていたのかもしれない。この時、「もしかしたら」と大真面目に考え始めていた――。

もう辺りはすっかり日が傾き、夕日に包まれた高田馬場が近づいていた時だった。有吉会長が降りる準備をし始めた。疲れているだろうに家に帰らず、そのまま青木ジムに向かおうとしている。

なんとなく気になって、なんの用事があるのかと聞けば、平然とした顔で「試合決めます」と答える。思わず「え?」と聞き返すと、「チャンピオンに電話しますよ」と当たり前のような顔をしている。僕は慌てて荷物を抱え、有吉会長と一緒に高田馬場で降りる。急展開に質問する余裕などまったくなかった。

ジムに到着し、撮影の準備を始めていると、有吉会長はシャワーも浴びず、米澤の勝利を祝うジムの練習生たちに土産話もせずに、いきなり電話をかけようとしている。電話しているところを撮りたいので、と制止すれば、「こういうのは勢いですから」と二、三分も待ちきれない様子だった。こちらのセッティングが終わると、一つ大きく深呼吸をして、電話をかけた。

「お世話になっております。青木ジムの有吉と申します。会長、いまお話しして大丈夫ですか？　実は、うちに米澤っていうミドルの東洋太平洋一四位の選手がいまして……はい、昨日、韓国の一四位の選手に勝ちまして……はい……そうです……ありがとうございます……それでですね、会長……あの……もしよければ……会長のところの○○選手に挑戦させていただけないかなあと思いまして……」

さすがに、相手も驚いたようだった。ジム同士の関係があるので具体的な名前は出せないが、ミドル級より軽い階級の、東洋太平洋チャンピオンだった。ランキングに入れば、階級に関係なくタイトルマッチができるというルールがあり、有吉会長は、ミドル級のチャンピオンのスケジュールが埋まっていることを既に調べていて、違う階級へ鞍替えを図ろうとしていた。しかし、いきなりタイトルマッチを申し込むとは。

相手はどう受け取ったのだろうか。

有吉会長は一応、日本プロボクシング協会の理事も務め、それなりにこの業界では知られた男であったが、チャンピオンを擁するジムに対し、ここまでへりくだるかと思うくらい頭を下げ（電話だが、実際に下げ）まさに嘆願していた。この世界でチャンピオンベルトを腰に巻く者がいかに強大な権力を持つのか、ジムの力関係まで決定づけるのかを目の当たりにしたような気がして、息をのむ。

「はい……すみません……ありがとうございます。ありがとうございます。ご検討いただけたらうれしいです。すみません……本当にすみません。ありがとうございます……はい……どうぞよろしくお願いします……」

電話を切った有吉会長は、静かに呼吸を整える。

「……まあ、検討するとは言ってくれたんで……」

「返事待ちですか？」

「返事待ちです。あとは、首を長くして……待つしかないですね……」

一つ大きな仕事を終えた。そんな様子で大きな伸びをし、いつもの有吉会長に戻っていった。

帰国早々、賽《さい》は投げられてしまった。

一方、米澤は帰りしなに病院に立ち寄り、治療を受けていた。またしても左眉の上を何針も縫合する手術だった。彼曰く、短期間に何度も目の周辺を切り、縫い続けていると、その分、皮膚が引っ張られ、脂肪が薄くなっていくので、肌がどんどん切れやすくなるのだという。なかなか信じがたいが、本人の実感なのだから事実なのだろう。米澤は、縫合手術など慣れたもので、施術を受けたその晩にみな子さんと祝勝会をやるというから、同席させてもらった。医者に知られたら確実に怒られると思うのだが、米澤は意に介さない。タフなのか、何かがぶっ飛んでいるのかよくわからない。僕にはもう何が常識だかすっかりわからない。

祝勝会場はいつもと同じ近所にある焼き鳥屋「鳥はし」だった。今回も威勢のよいママの「いらっしゃい！」に迎えられ、米澤はウーロン茶、みな子さんと僕は生ビールで乾杯だ。僕は、バンコクでの米澤の表情が気になっていたが、焼き鳥屋に現れた時、その表情にはすっかり元の明るさが戻っていた。というか、こんなすがすがしい笑顔になったのは、いつ以来だろうか。

「豚足あります？」

「あるよ」

「やった！　ここの豚足は滅多に食べられないんですよ。食べたいと思ったらいっつも終わってて……よっしゃ！」

勝利の瞬間よりもうれしそうだった。試合後一週間だけは、好きなものが食べられる。本来は食い道楽の自分自身へのご褒美だった。

「試合、勝ちました」

常連客に報告し祝福を受けながら、カウンターから身を乗り出すように、どんどん食べ物を注文していく米澤を見ていて、僕は、有吉会長が早速試合を申し込んだことを伝えていいものか、逡巡していた。どうせ会長から話はするだろうし、この日ばかりは余計なことを考えさせたくはなかった。

みな子さんによると、今回の遠征の出発前夜、二人は大喧嘩をしていた。自宅にある体重計が壊れていて、いくら減量をしても、ウェイトが減るどころか増えたりして米澤は混乱の極致にあった。あのキャンセル事件のことを思うと、このボクサーの錯乱ぶりは目に見えるようだった。さすがのみな子さんも、そばにいられなくなり、夜中にアパートを飛び出していた。

みな子さんは、たった四日前のことなのに、今やすっかり昔話のように笑って話してくれる。

「試合の前の夜に、タイから電話がかかってきて、びっくりしました」

「今までなかったんですか?」

「全然。一度もなかったです。だからびっくりして、もしかしたら、この人死ぬのかなって結構心配になりました」

「どうして電話なんかかけたんですか?」

「なんかさ、これで最後だと思ってたし。喧嘩したからかなあ……」

「でも、ホントよく試合行けたよね……よく飛行機乗れたよねって思う」

「まあね……」

一番身近で米澤を見ていたみな子さんにとっては、試合の結果よりも、バンコクまで行ってリングに上がれたこと自体が奇跡だと思えるらしかった。

「さすがにもう、やめるかなって思ってました」

みな子さんの言葉には実感がこもる。笑いのオブラートに包まれてはいるが、その奥には恐怖にのたうち回っていたボクサーの姿が透けて見える。

思い返せば、バンコク出発の朝、米澤がなぜか僕と一緒に成田空港まで行かないかと言ってきた。その時は撮影の準備が残っていたので断ったが、もしかしたらこのボクサーは自分一人だと逃げ出してしまう可能性を考えていたのかもしれない。

焼き鳥をつまみながら、こんな裏話は勝てたからこそ、笑い話になるのだとしみじみと思う。勝者と敗者とでここまで差のつくスポーツはないのではないか。殴り合いの敗者が味わうのは、負けの悔しさだけではない。己の力なさだけでもない。確実に体の痛みが伴い、後遺症もつきまとい、その中で敗者の屈辱を耐えるのが、このボクシングというスポーツだ。

改めて今回、勝ってよかった。怪我も少なくてよかった。みな子さんも僕も、こうして祝杯を挙げられることの《奇跡》を嚙み締めていた。ビールの味がまたおいしく思え、みな子さんと僕はお代わりをした。

米澤がぽつりと呟く。

「俺が東洋ランカーでいいのかって正直思いますよ、やっぱり……」

「実感がないというか、ここまで来るとはまったく思わなかったから。ずっと東洋太平洋すごいよねって、そんな感じだったので、よくわからないというか……今回は、ホント運がよかったとしか言いようがない……」

「でも実際、なったわけだから」

「もちろん。だから、そのレベルにふさわしいボクサーにならないと……うん……」

僕は、あまり考えたくはなかったが、今後について話を振った。

「これからのスケジュールは?」

「……ここまで来ると、全然わからないです。チャンピオンに挑戦……全然わかりません。話が大き過ぎるというか……誰とやっても強いから、普通にいったら勝てるわけないし……」

それきり、米澤は黙り込んでしまう。急に自分の置かれた立場を理解してしまったかのようだった。隣に座ったみな子さんも遠くを見ながら呟く。

「ずっと頑張ってきたし、しんどいのわかるから、やめたければやめればいいよ。自分の人生だから、人生は自分で決めた方がいいから」

少し考えて、みな子さんは付け加える。

「でも死なないでね。ちょっとくらい頭が変になっても面倒見るから」

「ありがとうございます」と他人事のように米澤は笑った。笑いながら、すぐに力なく表情が沈む。せっかくの祝勝会なのに、すっかり楽しい空気が消えてしまった。やっぱり先のことなんて聞かなきゃよかった。

するとカウンターの中でじっと話を聞いていた焼き鳥屋のママが突然、つっこんでくる。

「チャンピオンだかなんだか知んないけど、男は嫁をもらって一人前だよ」

一瞬、なんのことかわからなかったが、みな子さんと米澤のことを指していることに気付き、僕ら三人は笑ってしまった。

「そりゃ、そうだろう？　男は女を幸せにしなきゃいけないんだよ」

笑った僕たちに腹を立て、焼き鳥屋のママはまくしたてる。

二人が結婚できる日など来るのだろうか。

けれど、今夜ばかりはこのママに救われた。

## 28

二〇一三年七月。

結局、帰国直後に有吉会長が試合を申し込んだ相手からは断りの連絡が入り、他のチャンピオンを当たるというところで話が止まっていた。

米澤は東洋太平洋ランキング一四位のボクサーなので、挑戦できるのは、東洋太平洋チャンピオンだけだ。日本チャンピオンにも挑戦権がない。彼はミドル級だが、ランキングに入れば、どの階級のチャンピオンにも挑戦できるというルールがあるので、ミドル級がダメなら、上のスーパーミドル級、下のスーパーウェルター級、さらに下のウェルター級など、タイトルマッチを申し込む相手は何人かいるはずである。残り三ヶ月の中で一人くらい見つかるのではないかと、僕はなんとなく楽観していた。

ところが、番組を一緒に作っている編集マンの中谷江志《なかたにこうじ》はかなり悲観的な意見を持っていた。彼は休日にはビール片手に後楽園ホールで試合を見るほどの筋金入りのボクシングファンであるのだが、その中谷が、「米澤の挑戦を受けてくれるチャンピオンは見つからないのではないか」と言う。なぜなら、まずチャンピオンはランキング上位のボクサーとタイトルマッチをするという暗黙のルールがある。それを乗り越えるためには、多額のファイトマネーを用意する必要があるが、そんな余裕が青木ジムにあるのか、ということだ。お金がなくても、特別な話題性があれば可能性はなくはないが、米澤の目を引く点と言えば、試合がＮＨＫの地上波で放送されるくらいなので、チャンピオンサイドにしてみればほとんどメリットがない。かなり難しいのではないか。

言われてみればその通りかもしれない。編集を進め、イ・ウンチャンに勝利する前途洋々のラストシーンを繋ぎながら、結局、米澤の挑戦は、このまま試合ができずに終わるのではないかと、多少の不安が頭をよぎり始めていた。しかし、日本人と韓国人の試合をバンコクの興行にねじ込む腕力のある青木ジムの会長のことだから、なんらかの秘策はあるのだろうと、僕は再び元の楽観に戻っていた。

　すると、七月も中頃に差し掛かった頃だろうか。トレーナーの小林から一通のメールが届く。

《お忙しいところすみません。もし、お時間あれば、一度ジムまで来ていただけませんか？　緊急で相談があります》

　こんなことははじめてだった。試合が決まったのか、それとも米澤の身に何かが起こったのか。僕は編集を放り投げ、そのまま高田馬場へ駆けつける。すると、有吉会長が青い顔をして出てきた。

「八方塞がりです。手の打ちようがない。全部断られました」

　編集マンの予想通りだった。ミドル級と上下五階級の東洋太平洋チャンピオンすべてに挑戦を断られたというのだ。丁重にスケジュールの問題を言う者もいたし、そもそも話にならないと門前払いをしてくる者もいた。有吉会長の持てるすべてのコネクションを駆使したが、米澤の誕生日までに試合をしてくれるチャンピオンは誰一人いなかった。

「このままだと、ホントのホントに終わりですね……ここまで盛り上げてくれたのに、力及ばず申し訳ない……」と弱り切っていた。

　上位ランカーと試合し、たとえ勝っても、そこでタイムリミットは来てしまう。挑戦が中途半端に終わることを承知してほしいと、白旗を掲げた。この日、会長がわざわざ教えてくれたのは、おそらく番組の全体構成に関わることだからと、気を利かせたのだ。「本人には伝えたんですか？」と尋ねれば「まだですね。一生懸命練習してるんで、言いづらいは言いづらいですよね……」と困り果てていた。

その一週間前、僕は米澤の早朝ロードワークを撮影していた。

朝四時。まだ夏の太陽も昇る前から、毎日一〇キロ走り込んでいた。走りながら心拍数を計測できる最新機器を購入し、心拍の上下を見ながらペース配分を決めるという科学的なトレーニングを始めたばかりだった。

ロードワークを終えると、今度は公園でシャドーボクシング。ただのシャドーではなくて、太腿とふくらはぎにゴムを巻き、筋肉に負担をかけながら激しく動き回る。これも新しく始めたトレーニングだった。前回、前々回の試合ともに四ラウンド以降に《脊柱管狭窄症》で足が痺れ、力が入らなくなっていたのをどうにか乗り越えようとしていたのだ。これで病気を克服できるかどうかは、定かではないが、やれることはすべてやる。米澤は懸命だった。あの祝勝会以降、何を考えたかはわからないが、もう暗い表情はどこにもなかった。東洋太平洋チャンピオンに本気で勝つ気でいた。

「誰が来ようと、僕には関係ないです。ただやるだけです」

米澤は力強く語っていた。

僕は、あの姿にひどく気持ちが動かされていただけに、改めて厳しい現実を突き付けられ、言葉を失っていた。予想はしていたものの、すぐには受け入れ難かった。

「会長も、いろいろ手は尽くしたんですけど……」トレーナーの小林も悲愴な声を出す。

有吉会長には、とりあえずカメラは持ってきたので、試合ができなかった事情だけでも説明してほしいと言うしかなかった。どういう番組構成になるかは、あとで考えたかった。

有吉会長の、マッチメイク失敗インタビューを撮影しながら、僕はふと、編集室での一コマを思い出す。編集マンの中谷が、せわしなくパソコンを操作しながら何気なく呟いた。

「世界ランカーでもいいみたいだよ」

「?」

「なんか、ルールブックに書いてたような気がするんだけど」

その時は受け流していた。米澤と《世界》という単語があまり結びつかなかったから、気にもしなかった。だが、会長の力ない弁明を撮影し終えた時、確認のため言ってみた。

「なんか、世界ランカーでも大丈夫だって、スタッフが言ってたんですけど、ホントですかね？」

有吉会長の顔色が変わった。

「ちょっと、ルールブック持ってこい」

慌てて、事務室へ駆け込んだトレーナーの小林は小さな黒い手帳のようなものを差し出す。これが日本ボクシングコミッションが発行する公式ルールブックだ。

もう、すっかり日が落ちていた。僕らはいつも青木ジムの外にある椅子に腰掛け、話し合いをするのだが、細かい文字で書かれたルールブックを読むのには、ちょっと暗過ぎる。有吉会長は、ジムの中から漏れ出る光にかざしながら、小さなルールブックをめくっていく。網膜剥離でボクシング人生を終えたこの会長は目があまりよくない。それでも必死でめくる指が、あるページで止まった。しばらくの間、誰も話さない。そして顔を上げた有吉会長の目には、再びあのギラギラする狂気が漂っていた。

「大丈夫だ。延長できる」

「マジっすか?」

トレーナーの小林も手帳をじっと読む。

「ホントですね」と僕にも見せてくれた。

そこには、こう書かれていた。


以下に該当する者は、特例として年齢制限を設けない。
一、元チャンピオン(=日本、東洋太平洋、世界)

二、世界タイトル挑戦経験者
三、37歳に達した時に世界ランキングにランクされている者（この場合の世界ランキングはＪＢＣの認める認定団体の15位以内の者とする）

三の「世界ランキングにランクされている者」とは、編集マンの中谷が言っていた《世界ランカー》を指す。つまり、日本ボクシングコミッションが認めるＷＢＡ、ＷＢＣ、ＷＢＯ、ＩＢＦの四団体の中で一五位までにランクされれば、三七歳以降もプロボクサーとして闘える。引退を免れるということだ。

これを知った有吉会長と小林は、異様に興奮した。

「やっぱり山本さんは凄いよ」

なぜか、有吉会長は僕を誉め称える。

「これは思いつかなかった。俺ら、やっぱりこの世界に長くいると、考えが狭くなるんだなあ。素人の発想はすばらしい。やっぱり大事ですよ、そういう発想は」

と、口角泡を飛ばしながら早口で説明してくれるのだが、僕にはピンと来ない。こんなことはルールブックに普通に書いてあるのだから、日々、米澤の現役延長のために奔走している有吉会長ならば知っていて当然だろうと思っていた。

早速、何かを思いついたのか、喜び勇んで有吉会長と小林はジムの中へ戻っていった。僕は一人残される。何が起きたのかさっぱりわからない。

すぐに小林が再び外へ出てきた。黙ったまま煙草に火をつける。不思議なことに、その表情から二分前の興奮は消え失せ、別人のように青ざめていた。僕はその変わり様に驚きながらも、疑問を確認せずにはいられない。

「どうして知らなかったんですか?」

「いや、知らなかったというか、知らなかったんすけど。そもそも考えもしないですよ、米澤がミドル級の世界ランカーとやるっていうのは……」

「はあ……」

要領を得ない顔をしている僕に小林が説明してくれる。

「僕らにとって、世界のミドルっていうのは、とんでもないんですよ。バンタムとか、フェザーとかの軽量級は日本人にちょうどいいから、世界チャンピオンが何人もいますけど、ミドルってそもそも身体の小さい日本人には、向いてないっすからね。アジアや中南米だったら日本人みたいな小さいのもいますけど、それ以外の外国人ならミドルが標準サイズなんで、一番層が厚くなるんすよ。だから世界で一番ボクサーが多くて、レベルも一番高いのがミドル級なんすよ。ヘビーまで行くと、スピードはそんなにないんですけど、ミドルはパワーもスピードもあって、試合も盛り上がるんで、アメリカじゃ人気も高いんすよ。それでファイトマネーも高騰してるんで、才能あるやつみんなが集まるって感じですか?」

さすがの僕にも事の重大さがなんとなく呑み込めてきた。浮かない顔をした小林が続ける。

「日本人でこれまでミドルで世界チャンピオンになったのは一人しかいないんですよ。竹原慎二《たけはらしんじ》さんですけど、竹原さんも一回目の防衛戦で負けちゃった。もう二〇年くらい前ですけど、それから誰もなれてないし、竹原さんが奇跡みたいなものなんで、誰も日本人がミドルで世界行けるなんて、いま日本人は誰もいないですよ」（※著者注・二〇一七年にWBAミドル級王者となる村田諒太選手が二〇一四年六月にWBCミドル級一三位にランクされたが、二〇一三年七月当時は誰もいなかった）

「米澤さんが、そこに挑戦するっていうのは……」

「ほとんど競技が違うって考えてもらってもいいですよ。言うなれば、これまでマラソン走ってて、日本予選で負けてたやつが、いきなりオリンピックの一〇〇メートル決勝に出場させられるようなもんすよ。客にしてみれば意味がわからないでしょうね。なんでこいつが？　って感じで。あっちは日本や東洋太平洋のレベルとまったく異次元のことやってますから……住む世界が違うっていうんですか？」

説明しながら、小林の顔はますます曇っていく。ジムの中では、眉間にしわを寄せた有吉会長がパソコンに向かっている。おそらくあの男は、もう動き始めている。小林は冴えない表情で僕を見つめる。きっともう会長を止めることはできない。

日本ボクシングコミッションが認めるWBA、WBC、WBO、IBFという世界四団体には、それぞれ一五人の世界ランカーがいる。中にはいくつかの団体を兼任しているランカーもいるので、青木ジムがオファーできる相手は世界に三〇人から四〇人程度いるということらしい。東洋太平洋チャンピオンよりも圧倒的にチャンスは多い。有吉会長は英語もタイ語も話せる。どんな手を使ってでも見つけるつもりだ。

青木ジムを辞した僕は、高田馬場の雑踏を暗い気持ちで歩いた。

プロボクシングを少しでも知っている人間ならば、米澤レベルのボクサーがミドル級の世界ランカーに挑戦するなど《仮定》さえしない。できないのだ。僕は、とんでもないことを口走ってしまったのだと思った。もちろん試合をやるやらないは、米澤本人が決めることだが、もしこの試合で彼が壊されてしまったら、責任の一端は確実に僕にあるのだと思った。ただの取材者である僕の一言が、ひとりの人間の運命を変えてしまったとしたら、それは許されることなのだろうか――。

いくら考えても詮のないことだった。もう引き返せない道を歩き出してしまった。果てしない思いにかられて、高田馬場の人ごみにいても、物音が遠くに聞こえた。

## 29

二〇一三年八月二二日。

この日は忘れもしない。久しぶりに高田馬場の駅の改札で待ち合わせた米澤は、明らかに頬が瘦《こ》けていた。その状態は、もう明日にでも試合ができるような印象さえあった。そしてジムへ行く道すがら、あっさりと告げた。

「世界一〇位とやることになりました」

「ホントですか?」

「ほぼ決まりです。相手はオーストラリア人で、オーストラリアでやります。やばいっすね」

どこか他人事のような口ぶりだった。こちらが動揺していると、米澤は突然、足を止め、薬局の前に停めてあった自転車を担ぎ、歩道の反対側に置いて店の中へ入っていく。意味がわからずこちらがぽかんとしていると、中から、ジムの後輩、C級ボクサーの木村翔(※著者注・その後、二〇一七年にWBO世界フライ級のチャンピオンになる)が出てきて、おろおろと自転車を探す。後ろからニヤニヤ笑った米澤が出てきて、動かした自転車を指差す。たわいもない、いたずらだった。「ビビッた?」「マジ盗まれたかと思いましたよ」米澤は木村と笑いながらジムへ歩いていく。

僕はなぜかこの些細な出来事を鮮明に覚えている。試合決定の衝撃と米澤のとった行動が結びつかず、困惑したせいだろうか。

木村翔は、四ヶ月前、米澤が福山と激闘をした夜、同じ興行でプロデビューを迎え、一ラウンドKO負けをした後輩だ。米澤もデビュー戦は、二ラウンドKO負けだった縁もあり、妙な親近感を抱いていた。負けた後、一時ジムに来なくなり、皆を心配させたところも似ていた。ただ、デビューの状況は似ているが、米澤が、体は大きいのに気が弱いおとなしいタイプなのに対して、木村は背は低くとも気が強い根っからのヤンキーで、おそらく喧嘩も相当してきたはずだ。もし少年時代をこの二人が一緒に過ごしていたとすれば、絶対に友達にならないタイプなのに、プロボクシングの世界では、先輩後輩の関係もあるが、とても仲がよい。こういう不思議な友情が生まれるのも、この人たちの魅力の一つだ。

「世界一〇位ってすごいっすね」

「まあ、やるしかないよ」

木村の尊敬の眼差しに米澤はまんざらでもなさそうだった。

トレーナーの小林の説明によると、米澤が世界ランカーと闘うことはほとんど無謀と呼ぶべき暴挙であり、ボクシング界の常識ではあり得ないマッチメイクのはず。なのに、このボクサーには怯えという感じがない。後輩相手に虚勢を張っているのか、それとも実感がほとんどないのか、よくわからないが、二人は楽しそうに青木ジムへ入っていった。

ジムの真ん中には一枚のホワイトボードがかけてあり、ここに試合予定が記される。いつも誰が書いているのかわからないが（おそらく有吉会長だが）、この白い板にぶっきらぼうな字で、日程と対戦相手の名前と戦績、そして青木ジムのボクサーの名が記された途端、動かせない現実として選手は受け止め、試合の準備を進めていく。あるものは奮い立たされ、あるものは恐怖と闘いながら、この文字を眺めるのだろう。

この日、ここには米澤の試合については書かれていなかった。世界ランカーとの交渉はまだ正式な合意には至っていないのだろうか。

僕が訪れたことを知った有吉会長は、奇妙な表情で迎えた。目はしょぼついていて重い疲労感を漂わせながらも、照れたような笑みを浮かべ、頭を掻いている。

「九割九分決定です。あとは、契約書を交わすだけですね……」

「相手はホントに世界ランカー……？」

「ＷＢＯミドルの世界一〇位なんで、はい」

「決まったんですね？」

「はい、ほぼ決まりました。というか決めました……」

有吉は、交渉の経緯を話しながら次第に湧き上がる興奮を抑えきれないようだった。前代未聞のマッチメイクの裏側では、これまた前代未聞の交渉劇が繰り広げられていた。

有吉は、日本ボクシングコミッションのルールブックの中に世界ランカーでもＯＫの条文を確認してから、まず自分のコネクションのある、タイのプロモーターに連絡を取った。タイには一人だけ、ＷＢＡウェルター級の世界ランカーがいるので、試合を組めないかということだ。ウェルター級というのは、米澤のミドル級より二階級も軽かったが、贅沢は言っていられなかった。米澤も了承し、いつ試合があるかわからないから、徹底的な減量を始めていた。この日、頬が痩けていると感じたのはその通りで、すでにミドルで言えばアンダーの状態。ウェルター級に照準を絞って体調を作ろうとしていたのだ。

ところが、その話も流れてしまう。

会長は、せっかく減量をしているのだからそのまま続けろと指示を出し、ミドルだけでなく、スーパーウェルター、ウェルター級の世界ランカーまで選択肢を広げて、対戦相手を探した。メキシコの知り合いに頼んで、中南米、南米をしらみつぶしに当たってもらった。

《誰でもいい、世界ランキングに入っているボクサーと試合ができないだろうか?》

もう滅茶苦茶なオファーの仕方だった。

プロボクシングの世界には、マッチメイカーという職業が存在し、試合を組むことを商売にしている人々がいる。その彼らに、世界ランカーを紹介してくれと頼んだのだ。試合が成立すれば、いくらと決まっている。成立しなくても金額は発生するが、頼れるのは彼らしかいなかった。「人に言えるものじゃない」と具体的な金額は明かさなかったが、有吉会長は相当な出費をしたのだろう。

ところが、なかなか話が進まない。やはりネックは米澤のキャリアだった。たとえ米澤が東洋太平洋ランキング一四位とはいえ、たかだか七勝七敗二分けの戦績のボクサーと、世界ランカーがなぜ闘わなければならないのか。相手にしてみれば、どうしてそんな話を持ち込んできたのか、その意味さえ理解できないのだろう。

けれど、有吉会長は諦めなかった。「ダメ元でやっただけですよ」と笑いながら話すが、屈辱的な扱いをどれだけ受けただろうか。『ボクシング・マガジン』の世界ランキングリストを眺めながら、まったく知らない東欧諸国やウクライナやグルジアなど旧ソ連の国々まで含めた世界中のジムへ何十通ものメールを送り続けた。だが、ほとんどが黙殺。NGをもらうどころか、九〇パーセント以上は完全なスルー。相手にもされなかった。

七月があっという間に終わり、八月も瞬く間に日を重ねていく。一人だけ、返信をくれたニュージーランドのWBA上位ランカーがいたが、話はまとまらない。

正直、さすがの有吉会長も諦めかけていた。持てるすべてのコネクションと金銭をかき集めて手配してはみたが、ミドル級世界ランカーをとりまく巨大組織に太刀打ちできる術《すべ》はなかった。あらかじめ予想されたこととはいうものの、それが現実だった。まず米澤が世界ランカーと闘うこと自体が無謀であり、同時にこの小さな青木ジムが怪物のようなプロモーターたちの蠢《うごめ》く巨大興行の世界にもぐり込もうというのも同じように無謀だったのだ。僕は話を聞きながら、闘っているのは、米澤一人ではないのだと改めてその思いを強くした。

しかし、どれだけ無視されても有吉会長の執念の炎は消えなかった。オーストラリアのマッチメイカーに連絡を取ったのも、一度だけ、かの地で選手に試合をさせた記憶を手繰り、縁遠い相手ではあったが、その関係者を頼ってみたのだ。米澤がこれまで起こしてきた奇跡を、興行の世界でも起こす。その一心でオファーを送り続けた。

すると、お盆を過ぎた頃、一通のメールが届く。

今度の相手、WBO世界ミドル級ランキング一〇位、レス・シェリントンのエージェントからだった。一度、はっきり断られた相手だったが、突然、メールが入り、九月二〇日なら試合ができるが、どうか、という内容だった。詰めるべき条件は山積みだったが、一旦断った相手が再び声をかけてくるということは、何かある。しかも、メールを受信した時点で九月二〇日まで一ヶ月程度しかない。こちらが断れば、困るのはもしかしたら相手サイドなのかもしれない。

有吉会長は慎重に慎重に、話を進めた。できるだけシェリントンサイドの提示してきた条件は呑んだ。滞在するホテル、現地までの航空券の手配、計量の時間や場所など、多少の不利は承知の上で、相手が出してきた提案を受け入れるしか、この千載一遇のチャンスを摑むことはできない。押して引いてのギリギリの神経戦だったが、後は契約書を交わすのみというところまでこぎ着けた。

僕はこの何かに憑かれたような物語を聞きながら、会長の強靭な意志がどこから来るのか、気になって仕方なかった。三六歳一〇ヶ月にもなろうとする引退間近のロートルボクサーに、ジムの存続に関わるような出費をし、何を夢見ているのか。

「やるしかなかったんですよ」

「それはどうして？」

「どうしてかって聞かれても……わからないっすね」

有吉会長は首をひねるばかりで、自分でもその熱源がわからないようだった。

「やるしかなかったんですよ……」

そう繰り返すばかりで、これ以上説明させるな、と鋭い眼差しがこちらを射る。僕は、テレビ番組のディレクターとして万人に伝わる物語を構築しようと、《わかりやすい理由》を求めたのだが、有吉の態度は、そんなものがわかられてたまるか、と無言の訴えをしているように見えた。目の奥に秘められた仄暗い情熱は、ますます底なしの狂気へ疾走しようとしているようにも思えた——。

「もういいっすか？」

「……はい」

有吉会長はインタビューを打ち切り、足早にジムに戻る。中では、トレーナーの小林と米澤が一心不乱にミット打ちをしている。

一人残され、いつの間にか辺りが暗くなっていたことに気が付く。昼間は、三五度近くまで上がった気温もようやく息をつける涼しさを取り戻そうとしていた。しかし、ジムのリングでは、有吉会長に見守られることで、トレーナーとボクサーにさらに熱が入っている。まだまだあの中は、居るだけで汗ばむくらい暑いのだろう。けれど彼らは気にする様子もない。

そんな三人を見ながら《理由》というものがいかに不毛なことかと思い知る。彼らはもうそんな所からはみ出ているのだ。ボクシング界の常識も経済的合理性も、何もかも振り切って突き進むこの男たちに《理由》はないのだ。なぜ、などという問いは彼らにとって足手まといでしかない。それを探るならばここから去れ。鳴り響くミットの音が、僕に告げていた。

30

八月二六日。試合まで、残り二五日。

連日厳しい練習を続ける米澤が、この日ジムを出たのは午後九時だった。それから、朝までの夜勤仕事。東洋太平洋ランカーになった後も、米澤の生活状況はB級ボクサー時代となんら変わりはない。週に半分くらいは日勤、残りの半分は夜勤が続いていた。ワイシャツに着替え、ジムから出てきた米澤はベンチに腰掛け、流れる汗を拭うことなく大急ぎで靴下を履く。これもいつもと同じだ。

「もう睡眠障害っすね……ちくしょう……ジムで追い込んで朝まで働いて、寝ようと思っても眠れないっすから……」

疲れた足を革靴に押し込め、夜道を会社へ向かう。何十回、このシチュエーションを撮影し、同じ話を聞いただろうか。世界ランカーとの試合まで一ヶ月を切ったこの日も、不眠の状況はまったく改善していない。狂い始めた体内時計が体を不調へ陥れるのも、常だった。

僕は米澤の愚痴を聞きながら、正直うんざりしていた。有吉会長の執念に衝撃を受けていただけに、当の本人が相変わらずの状況に置かれていることに気持ちが萎《な》えた。いくら生活のためとはいえ、この一世一代の大チャンスもこれでは意味がない。そして、もっと腹が立ったのは、米澤にまた、何かの言い訳を残すのではないかということだ。夜勤のせいであるとか、腰の調子が悪いとか、トレーニングする時間がなかったとか、これまでずっと繰り返してきた言い訳をすべて清算するために、誰がなんと言おうとも、この最後の挑戦を始めたのではなかったのか。その熱が、会長や小林をはじめとする多くの人を巻き込み、夢を見させているのではなかったのか。

僕が不機嫌に口をつぐんでいると、米澤が決心を明かした。

「今回ばかりは、試合前は休職させてくれって言ったんすよ。会社内では、協議するってところで止まってますけど、もし、ダメだって言われたらやめます」

「本当に?」

「やめます。こないだテレビ(で自分の体を)見て、バンコクの試合、体最悪だなあって思って。もう絶対ああいうのは嫌ですから」

僕はこのボクサーを信じていいのかわからなかった。彼は四ヶ月前、福山戦の後も同じことを言っていたが、結局、何も変わらない生活を続け、いつも愚痴を僕に言い募ってきた。仕事をやめてほしいと思うのは、米澤の生活に責任を持てもしないのに勝手な願いだ。けれど、僕は、すべてを賭けた人間の姿が見たかった。すべてを賭けたこのボクサーにどんな景色が見えるのか、知りたかった。これは興味本位ではない。僕自身が、そんな人間になりたくても、なれないまま、米澤と同じように三六年間生きてきてしまったからだ。

青木ジムから、昼も夜も人波の絶えない早稲田通りの喧噪に背を向け、街灯のほとんどない神田川沿いの道を歩いて、米澤は会社へ向かう。神田川から離れると今度はオレンジの光に包まれた目白通りを渡って再び裏通りの暗い道を急ぐ。それからしばらくすれば、遠くにどんな夜中でも明かりの消えないコールセンターが見えてくる。大体一〇分くらいの道のりだ。共に歩く時間は僕にとっては米澤を単独で取材できる数少ないチャンスだったし、気の置けない同い年の友人として会話のできる楽しい時間でもあった。

別れる前に、僕にはどうしても聞いておきたいことがあった。今度の世界ランカーの試合は、もしかしたら、有吉会長の思いに気圧《けお》されて《やらされる》ことなのか。それとも米澤自身が望むことなのか。米澤は、立ち止まって少し考えた。慎重に言葉を選んでいるようだった。

「……やるしかないなって思いました。会長が僕にやらないかって言うってことは、勝つ可能性ゼロじゃないからだし、ゼロじゃないならやるしかないなって。それに、僕は試合を断ったことがほとんどないんで。『やる？』って聞かれたら、やるって言う人間なんで」

「それは決めてること？」

「決めてるっていうか、闘うのがプロだと思ってるから。プロボクサーである限り闘うのが仕事だし」

「怖くはない？」

「怖くないですね」

「それは怖いという言葉を出したら、すべてがそうなってしまうから？」

「それはないですね。怖くはないですよ」

「なぜ？」

「まあ、馬鹿だからじゃないですか。普通やらないですよね、僕みたいなボクサーが世界一〇位となんか。普通やらないですよ、どう考えたって……」

自虐的に笑った。無理矢理笑っているように僕には見えた。やがて出勤の時間が訪れた。翌朝も何時に仕事が終わるかわからないという。

「もし、休めないなら、今度こそ本気でやめますから」

そう言い残して、一三年間一度も遅刻をしたことのない不夜城へと吸い込まれていった。

# 31

試合決定を知らされて以来、僕は毎日のように青木ジムへ通った。米澤が試合の契約書にサインし、正式決定する瞬間にも立ち会った。もう逃げられない、覚悟を決めた男の吐息を聞いた。会社から半月の休みをもらえたので、二四時間ボクシングに専念できる米澤の姿をはじめて見ることができた。相変わらず腰の病気は一進一退の状況で接骨院通いも続いていたが、夜勤仕事がなくなったことで少しずつ回復へ向かっているようにも思えた。

有吉会長はその時々、気持ちを伝えてくれた。

「いま流れが来てる気がするんですよ。東洋ランカーに勝って、世界ランカーも見つかるんだから、間違いなく流れが来てる。これまで全然ダメだったやつが、ひとつ勝って、そのままトントントンって一気に上っていくケースってあるんですよ。シェリントンとだってどうなるかわからない」と真顔で語る。

かと思うと、このマッチメイクの異常ぶりも語る。

「非常識。これから未来ある選手にはやらせられないですよね。壊されちゃうかもしれないし。崖っぷちだからできる試合」

「米澤が世界ランカーとやったらどれだけできるか……少しだけ楽しみですよね、ほんの少し。九〇パーセント以上は怖いっていう……。米澤にはホント申し訳ないけど、危なかったらタオル（を投げて試合を止める）っていうのは考えてます。やっぱり引退した時、五体満足でいさせてやりたいんで……」

　有吉会長も、感情が大きく揺れ動いているようだった。無理矢理自分を納得させながらも、このマッチメイクの結果、何が起きてしまうのか、自問自答の日々が続いているようだった。

　この頃、米澤の練習はひとつのパンチに絞られていた。これまであまり得意としていなかった右のパンチだった。

「強く打つんだろ！」

「はい」

「（体重を）乗せろって！」

「はい！」

　小林の厳しい怒号を浴びながら、米澤がひたすら打っていたのは、アッパーとフックの中間の角度で、相手のあごを狙う変則的なパンチ、スマッシュだった。シェリントンとの試合が決まり、急造ながらもこのパンチを身につけようと小林が提案したのだという。

　バシッとミットが激しい音を上げる。これまで米澤のパンチから聞こえたことのない重い響きだった。

「いいよ。それだ。自分でわかる？」

「はい」

今度は右のスマッシュに合わせて左のスイングを打つコンビネーションの練習が始まった。いつも通り、激しい連打などない。ひとつのコンビネーションを一回一回、丁寧に確認している。この左スイングは、以前、日本三位の福山和徹からダウンを奪った米澤唯一の《倒せる》パンチである。だが、踏み込んだ足に全体重を乗せて体ごと飛び込むような大振りのパンチだから、普通に打ったらかわされる可能性が高い。スマッシュと合わせることで、一発逆転を狙う。そんなイメージをこのボクサーとトレーナーは描いているのだろうか。

「まあ、勝つ可能性は一・五パーセント位じゃないですか？」

練習の合間に、ジムの外で煙草を吹かしながら、冗談まじりに小林が話す。

その時、僕は思わず口走ってしまった。

「では、次は記念試合的な意味合いがあるんですか？」

「いやいやいや、それはない。そりゃ、もちろん勝ちにいきますよ。そうしないと、やってる意味なくなっちゃいますから」

小林の顔は赤みを帯び、かすかに怒りを見せていた。当たり前だろう。真剣にやっているのに、《記念試合》はない。僕は機嫌を損ねたことを後悔しながらも聞かずにはいられなかった。

「勝つ作戦はあるんですか？」

「ありますね」

その言い方には、強がりの匂いは感じられなかった。小林は静かに続けた。

「シェリントン、三二勝してますけど、六回負けてるんですよ。で、その六回中、五回がKO負けなんすよね。これって結構割合が高くて、実は、あご弱いのかなって。あごに一発いいのが入れば、倒れるんじゃないかなって、僕は思うんすよね」

「今練習してるのは、そのためのパンチ？」

「そうっすね。これまで右利きの米澤は左の方が有効に使えてたんですけど、右で強く打てるパンチ、ひとつあってもいいかなと。右のパンチ打てるようになってから、自信ついたのかもしんないっすけど、他のパンチも強く打てるようになってきたんで。あとはこれからスパーするんで、どうタイミングをつかむか……。けど多分そのパンチは当たらないんで、それを軸に攻撃を組み立てるというか」

「その右パンチは当たらない？」

「おそらく。だから相手に右を意識させて、左スイングで倒すしかないっすね」

小林は確かに《倒すしかない》と言った。けれど、米澤は一六戦やってきて、二回しかKOで勝っていない。しかも相手は二人とも、タイのB級無名ボクサーだ。僕は、思わず聞き返してしまった。

「倒すしかないって、どういうことですか？」

「僕の頭の中ではKOしか勝ち目ないですから。米澤が倒せるパンチ打てるうちにKOできなかったら、勝負にならないですね」

「いつもの、ボディでスタミナ奪って後半勝負っていう作戦は？」

「それができればいいんすけど、きっと難しいんで」

小林は厳しい表情のまま言い切った。

そして有吉会長に確認してみても、いつもの米澤スタイルは即座に否定された。

「ないない。それはないですね。早い回で倒すか倒されるか、どっちかしかない。どっちの可能性が高いかはあれですけど……まあ、シェリントンの映像、インターネットにあるので見てみてください。僕が言うことわかると思いますよ」

早速、僕は教えられたサイトにアクセスし、シェリントンの姿を見てみたが、しばらく茫然としてしまった。小林は《競技のジャンルが違う》と表現したが、本当にその通りだった。それは試合のKOシーンが繋げられたPR映像だったものの、シェリントンのパンチは想像を超えていた。足の止まった相手をコーナーに追い詰めると、機関銃のようなラッシュを見舞い、黒人、白人、筋肉隆々とした巨漢ボクサーたちの誰もがマットに崩れ落ちていく。皆、丸太のような厳つい腕を顔の前に固め、パンチの嵐に耐えようとしているのだが、いくらガードしても耐えきれないシェリントンの圧倒的なパワーに破壊されていた。一発一発の威力もさることながら、連打のスピードと長さが異様だった。どれだけ粘り強く堪《こら》えようとしても、相手が倒れるまでは絶対に止まらない、その執念と桁外れの体力とがすべてを打ち砕いていた。

《Lock'n Load》というのがこのボクサーのキャッチコピーらしいのだが、Lock＝固めて、Load＝大量に積み込む、すなわち、「追い込んでたんまりお見舞いしろ」ということだ。どうやらシェリントンは相手をコーナーに釘付けにし、倒れるまで打ちまくるという勝利の方程式を確立している。そして、この特殊な能力がシェリントンをここまでの地位に押し上げたのだ。

これがミドル級の世界ランカーなのだと嘆息するしかなかった。最もボクサーが多く、最も才能のひしめくこの階級で三二回も勝ち続け、世界の頂点に近づこうとしている者とは、こういう種類の人たちのことをいうのだ。さらにシェリントンの顔立ちを見ると、整っていて美しい。これは、ハードパンチャーが当たり前の重量級で四〇戦近く闘い抜いてきたのにもかかわらず、ほとんどパンチをもらわなかったことの証左だ。相当、目もよく防御も巧いのだろう。

小林が冗談めかして一・五パーセントという勝率を挙げたのは、つい漏らしてしまった本音だったのだ。笑いをまぶしてしか話せないのが現実だった。インタビューの最後にこんな言葉を呟いていた。

「一発いいのもらって、下がったら終わりですよね……気持ちに迷いできたら、そこで試合決まっちゃうかな……」

32

この二〇一三年の夏は九月に入っても暑かった。三五度近い灼熱の日々が続き、日本の最高気温が更新されたことなどが、連日ニュースを賑わしていた。青木ジムには、冷房などない。窓をすべて開け放ち、二台の業務用扇風機を回してはいるが、二〇坪ほどのスペースに、多い時には二〇人以上のボクサーが激しく身体を動かし大汗をかいている。午後には四〇度はあるのではないだろうか。減量にはちょうどいいが、僕はカメラを回すだけでめまいが起き、何度も近くの喫茶店へ逃げ出していた。

ここで、ひとつ付け加えておかなければならないことがある。

今度の試合が、ＷＢＣアジアミドル級タイトルマッチに格上げされてしまったということだ。おそらくプロモーターが客を呼び込むためにもっと派手な見出しをつけようと画策したのだろう。たまたま空席となっていた同タイトルを争うというお膳立てを作ってしまったのだ。

ＷＢＣアジアタイトルというのは、日本ボクシングコミッションが認める団体ではないので、万が一チャンピオンになったとしても、それ自体が現役延長に直結するものではない。あくまでも、WBO世界一〇位を倒し、世界ランキングに入ったという事実が現役延長を認める理由となるのであるが、国際団体のチャンピオンという箔はつく。僕はやっぱり米澤は《持っている》男だと盛り上がっていたのだが、実はこれは大変な問題だった。というのは、ノンタイトルマッチであれば、一〇ラウンドで済んだものの、国際団体のタイトルマッチのため規定ルールで一二ラウンドという長丁場が設定されてしまうのだ。米澤がこれまで経験してきたのは福山戦の八ラウンドが最長で、一気に四つも延びることとなる。一〇ラウンドでさえ、果たして闘えるのかと不安がっていた米澤セコンドはまたひとつ難題を抱えてしまった。

僕は当然、一二ラウンドのスパーリングが行われるものと思っていたので、それを撮影しようと連日通い詰めていたのだが、一向にやらない。長くて六ラウンドという調子だった。

「一二ラウンドはやるつもりないっすね。試合自体一二ラウンドにはならないですから」

小林ははっきり告げていた。先日の言葉通り、早い回で倒すか倒されるか。世界ランカー相手に一二ラウンドの長期戦になどなるはずがないから、やる必要がないし、無理してやって疲れさせたくもないという。

そんな中、米澤はまた新しいトレーニングを始めていた。激しいミット打ちが終わり、一旦更衣室に引っ込んだ米澤は黒いマスクを持って出てきた。サンドバッグの前に立つと、そのマスクを装着し、叩き始める。マスクには白いバルブのような突起が付いているのでそこから呼吸をしているようだが、明らかに通常の打ち込みよりも苦しそうで、時折、「ううっ……」という、苦しそうなうめき声がジムに響き渡る。

その姿が、映画『羊たちの沈黙』に登場する拘束マスクをつけたレクター博士に似ているものだから、奇怪だった。青木ジムの中でも、こんな特殊な器具を使うのは米澤一人だ。周囲の仲間は、遠くから見守るばかりで尋ねようともしない。トレーナーの小林に聞いてみても「あいつは新し物好きですから」とあまり関心を持っていない。汗もこれまで以上に出ている。体重は一度ウェルター級まで絞り込み、ミドル級ならばすでにアンダーだ。減量は必要ないはずだが、また何かの問題が起きているのか。

「やっぱりやべえって思いました。こんなにキツいのかって」

帰り道。米澤は楽しそうにそのマスクのことを説明してくれた。

「あれは酸素吸入量を減らしてるんです。前から持ってたんですけれど、もっとキツいやつを買ったんすよ」

「どれくらい減るんですか？」

「大体半分くらいなんすかね。まあ高地トレーニングみたいなもんすかね」

説明を受けながら、僕にはまた新たな疑問が浮かんでくる。会長やトレーナーが望んでいたのは、今回はなるべく激しいトレーニングをせずに体調を整えろということ。前回イ・ウンチャン戦の時は、回復が間に合わず体調がおかしくなったのだから、もう繰り返すなということ。長いスパーリングをさせないのは、それも理由の一つだ。

しかし、米澤はそれを無視して体を限界まで追い込んでいるように見えた。あんな奇怪なマスクで何を企んでいるのか。マラソンの高地トレーニングといえば、長時間の肉体疲労への備えではないのか。

もしかしたら、という思いが頭をもたげる。もしかしたら、この男は、世界ランカーと一二ラウンドを闘い抜くつもりではないのか。そのために、あのマスクを導入したのではないのか。

「いやあ、そんなことはないっすよ。会社休めて体が楽になったんで、やってるだけっす」

笑いながら否定するが、僕には、なぜ？という気持ちが払拭できない。

この夜も、僕と米澤は沼袋までの五キロ、共に歩いた。トレーナーや会長から聞かされた《現実》の前につい気持ちが落ちてしまう僕自身がいたのだが、隣で当の本人の快活な息づかいを聞いていると、気分が盛り上がってくるから不思議だった。

「いま悔しいんですよね。できない時にすごい悔しくて。ああ、この感覚久しぶりだなあって思ったんすよ。ここ何年か、ダメだって言われたら、ダメなのか……って下向いてばっかりだったんですけど、いま、すごく悔しくて。ボクシングのプロテスト受ける前にもこういうことがあったんですよ。練習生とスパーリングやらせてもらって、だけど全然なんにもできないで、ボコボコにされて。その時は僕も練習生だったんですけど、あの時悔しいと思った感覚と同じだと思って。なんかまたあの時の気持ちに戻れたんだなあって。だから、ちょっとやってやろうというか、もっとやりたいんです」

米澤は悔しさを再発見していた。悔しさの中に光を見つけているようだった。

こんな希望もあるのかと僕はまた不思議な感動を覚えた。

「何かが起きるかもしれないね」

突然、米澤の目力が強くなる。ひときわ大きな声で僕の言葉を否定する。

「いや、何かが起きるんじゃなくって、僕が起こすんですよ」

また笑った。

「じゃあ、おやすみなさい」

「おやすみなさい」

僕らはいつものように沼袋の商店街で別れた。

決戦まで残り一週間。アパートへ帰る米澤の後ろ姿を見送りながら、僕の不安は、いつの間にか消えていた。会長やトレーナーも想像つかない《何か》をきっとあの男は思い描いているに違いない。僕はその《何か》がなんなのか、楽しみにさえなっていた。

## 33

九月一七日。早朝五時に米澤からのメールで目を覚ます。完全な遅刻だった。慌てて先に行ってくださいとメールを打ち返し、家を飛び出した。この日は、オーストラリアに出発する日で、アパートから出て行くところを撮影させてほしいとお願いしていたが、僕の寝坊でふいになる。前日深夜まで編集室に籠りきりで、家に帰って出発の準備をして二時間ほど仮眠しようと思っていたら、すっかり寝過ごしてしまった。フライトは成田空港一〇時五五分発だったのだが、米澤は朝五時に家を出るというから、撮影をお願いしていた。

遅刻した僕が成田空港に到着したのが八時前。まだ三時間以上もある。三六年の生涯で二回しか遅刻していない生真面目なボクサーはこの日も余裕の時間設定だった。一人先に着いていた米澤は、ベンチに腰掛け眠ったような表情をして迎える。会釈をするだけで、おはようの一言もない。もうこういう状態の時に話すことはないから、僕は離れて座る。

今回も僕たちスタッフの航空券やホテルの手配はすべて青木ジムにお願いしていて、一緒ならばなんでもいいと告げていた。僕が自分で探した場合、満席で別の便になる恐れがあったからだ。

決戦の地は、オーストラリアの東海岸に位置するゴールドコースト。この国最大の高級リゾートで、サーフィンのメッカでもある。日本からも毎年数万人が訪れる人気観光地だけに交通の便もよい。

しかし、有吉会長からファックスで送られてきた旅程表によると、僕たちの乗る便は、シンガポール経由ブリスベン行きとある。確認すれば、ブリスベンからゴールドコーストまでは車をチャーターして二時間程度で着く予定らしい。成田からゴールドコーストへの直行便もあるはずなのに、なぜこんなに遠回りをするのだろうと疑問もよぎったが、すぐにおそらくこれが一番安いからだと理解した。激安航空券の過酷な旅は、もう三度目だからなんの驚きもない。

眠っていたと思った米澤が携帯を手に突然、立ち上がった。空港ロビーをうろうろと歩きどこかへ消えた。そして戻ってきた時には、米澤の母・折江と父・良雅を伴っていた。僕は半年ぶりの再会だった。

「いつもお世話になっております」折江が丁寧に頭を下げる。良雅も恥ずかしそうに会釈をする。僕は、両親が来るかもしれない、ということは聞いていたが、ギリギリまでどうなるかわからないとも言われていたので、本当に来ることになったのだと高揚してしまった。前にも書いたが、両親は一度もボクシングの試合を見たことがない。母は怖いからだし、父はボクシングを認めていないからだ。

三人が揃うと、やはり微妙な空気になる。会うのも、二月以来だというのに、ほとんど誰も話さない。米澤が誘ったのか、それとも両親が観戦を言い出したのかわからないが、ロビーのベンチに三人並んで座っているのに神妙に沈黙を守り続けている。まるで身内を亡くした親子が、通夜で参列者を出迎えているような光景だった。僕はそれでもうれしかった。恋人のみな子さんも後からゴールドコーストで合流するというし、関係者すべてが揃うのだ。最終章としてこれ以上の幕開けはなかった。

出発二時間前になり、有吉会長も小林もやってきた。全員集まったところで、チェックインカウンターへと向かった。

七時間程のフライトを経て、シンガポールのチャンギ空港が眼下に見えてきたのは現地時間で一七時頃だった。ブリスベン行きの飛行機まで四時間以上もある。辺りはまだ明るく、太陽が沈むまでは余裕があった。タラップを下りた瞬間、むっとした湿気に包まれ、ここが熱帯気候であることをいやが上にも感じさせられた。チャンギ空港は二〇一三年世界空港ランキングで首位に輝いた国際ハブ空港で、多くのトランジット客で賑わい、免税ショップなども充実している。米澤の好きなスポーツ用品店も軒を並べているのだが、米澤はウィンドウショッピングもしないでロビーのベンチに座り込んでいる。だいぶ消耗しているようだった。食事どころか水さえ一口も飲んでいない。機内ではずっと目を瞑っていたが、眠れたわけでもないのだろう。

空港からシンガポールの中心街まで電車で三〇分以内に着く。四時間あれば、ちょっとした観光もできなくはないので、気分転換になるのではと米澤を誘ってみたが、どこにも行かないと言下に断られた。

僕は仕方なくADの山口剛《やまぐちごう》とともにテラスでビールを飲みながら、暇を潰す。《Cactus Garden》という表示があり、多種多様なサボテンが植えられた南国情緒溢れる庭だった。潮風が気持ちいい。インドネシア風の甘い焼き鳥、サテも旨い。僕はすっかり仕事を忘れ、リゾート気分を満喫していた。

ところが、アルコールが入った山口が、なぜ僕たちはこんなに遠回りをするのだと、不満を漏らし始める。山口によると成田からゴールドコースト直行便で行けば、九時間ほどで着くのだと言う。明後日合流するカメラマン高橋秀典《たかはしひでのり》ともう一人のAD久保田暁《くぼたあき》はその飛行機で来ることになっているのだ。

この連続ドキュメンタリー番組に携わるADというのは、毎週の放送に向けて一刻を争うギリギリのスケジュールで業務を遂行している。ADをまとめるチーフADという役職にある山口は、当然ながらできるだけ日本で作業を続けたかったし、こんなゆるいトランジットに時間を割く余裕などないのだ。彼の抱いた疑問も当たり前のことだった。

僕は得意げに、青木ジム伝統の激安航空券なのだと事情を説明すると、それにも首をかしげ納得がいっていないようだった。なぜかというと、航空券の請求書を見ると、直行便よりも高いというのだ。それには僕も驚いた。これまで二度のバンコク行きは、格安という一点で耐えられたし、有吉も申し訳なさそうな顔をしていた。僕は、もしかしたら直行便がすべて埋まっていて仕方なくこのルートを選んだのかもしれないと推論を述べると、それにも山口は反駁する。「久保田と高橋さんの直行便のチケットは一昨日とったんですよ。全然空いていたって言っていましたけど」

これには弁解の余地がない。

ビールを飲み終え、ふらふらとチャンギ空港の土産物売り場を歩いていると、青木ジム一行が目の前に現れた。僕は早速、尋ねた。

「僕たちはどうしてシンガポール経由なんですか？」

そんなことをなんで今更聞くんだと、面倒くさそうに有吉が答える。

「相手が用意したのが、このチケットなんで」

「こんな遠回りをわざわざするのは？」

「いや……さんざん文句は言いましたけど、結局、格上の言うことを聞くしかないんで」

疲労を顔に浮かべながら、それだけを言い、去っていった。

ようやくすべてが飲み込めた。

この不可解な遠回りは、シェリントンサイドの作戦なのだ。直行便ならば九時間で済むところを、わざわざシンガポール経由、しかもブリスベンというゴールドコーストから一〇〇キロ近く離れた空港行きのチケットを指定し、トランジットと車移動を含めて、二四時間近くかけさせる。用意されたのは当然エコノミー席で、体の大きなミドル級のボクサーがそんな長時間、足も伸ばせない閉所に押し込められたら、体調に影響がないわけがない。すべては計算済みなのだ。

元々、僕はプロボクシングの世界がそんなに美しいものだとは思ってはいない。ましてや日本国内を飛び出し、海外での試合、さらには世界ランカーだの、WBCアジアタイトルマッチだのという大きな話になってくれば、動く金の額も、関わる人の数も違ってくるはずだ。当然、興行の思惑というものが絡んでくるわけだし、多少の《何か》があることは覚悟していた。

けれど、である。

まさか世界一〇位という地位にある男が米澤のような無名のボクサーに対し、ここまで防御線を張ってくるとは想像していなかった。シェリントンにとっては米澤など練習以下の相手である。まともなスパーリングにもならないと思っているだろう。であるとすれば、なぜ？　まさか米澤に恐怖を感じているのか？　恐怖でなくても、七勝七敗二分けという、どう考えても自分に挑戦してくるはずのない成績の男が「なぜ？」といぶかり、勝手に得体の知れないものを感じているのか。はたまた単純に用心に越したことはないということなのか――。

これぱかりは、シェリントンに聞かないとわからないが、もうすでに闘いは始まっているのだ。そして、先手は取られてしまった。

僕はチャンギ空港にいる間、暇に飽かしてノートパソコンで「レス・シェリントン」について調べを進めた。三八戦三二勝六敗一九KOという世界一〇位にふさわしい戦績を持つ男が、いったいなぜ七勝七敗二分けという名もなきボクサーの挑戦を受けようと考えたのか。

シェリントンのフェイスブックを見つけたので覗いてみると、目に飛び込んできたのは、彼の別の試合のチラシだった。日付は米澤の試合と同じ九月二〇日、相手は《マニー・シアカ》とある。最初は意味がわからなかったが、どうやらこれは流れた試合らしい。

さらに調べを進める。わかってきたのは以下の通りだ。

元々、シェリントンは、プエルトリコの英雄元WBAスーパーミドル級チャンピオン、マニー・シアカとのマッチメイクに成功し、ポスターまで刷っていた。この時、マニー・シアカは世界ランキングからは陥落していて、年齢も三七歳。言ってみれば、元チャンピオンという肩書きと知名度がありながらも若き日の勢いはない。シェリントンにしてみれば、元世界チャンピオンが相手となれば、話題性もあるだろうし、両方の点で《うまい》マッチメイクだった。

ところが、マニー・シアカが突然、キャンセルをしてきた。その時期も理由も定かではないが、立ち上げてしまった興行に穴を開けることはできない。そこで急遽、前にオファーをもらっていた米澤のことを思い出したという次第だった。相手としては不足であるが、元世界チャンピオンクラスの選手と試合を組むためには、時間がなさ過ぎたのかもしれない。残されたマニー・シアカのポスターと米澤のポスターが同じデザインで、名前と写真を入れ替えただけだというのでも、どれだけ大慌てであったのかがわかる。

そして、有吉会長にも話を聞いてみると、交渉に当たって、シェリントンサイドがしきりに気にしたのは、米澤の《格》だった。東洋太平洋一四位だけでは世界ランカーが闘う理由にはならないし、興行価値も低いのだ。そこで有吉会長は、米澤が日本の公共放送のドキュメンタリーで取り上げられていて、これまで六回も連続放送され、この試合も必ず日本の全国ネットで放映され、しかも国際放送があり、海外でも視聴できることを伝えた。念のため、オーストラリアまで番組のDVDを送りつけた。すると、話が進んだ。相手はシェリントンの名前を日本で広めることができるのは悪くはないと判断したのかもしれないし、日本で有名なボクサーであれば、興行の売り文句ができたと解釈したのかもしれない。

以上が、僕が知りえた情報から進めた推論であるが、プロボクシングのマッチメイクほど謎めいた《からくり》はない。はったりと体面とマネーゲームが入り乱れ、そこにタイミングという運がスパイスとしてふりかかり、世界一〇位vs.米澤重隆という常識はずれの試合が実現したのだ。

# 34

夜、二一時半にチャンギ空港を飛び立ち、ブリスベン空港に降り立ったのは朝五時だった。時差は戻ったり進んだりで、ブリスベンは、日本時間プラス一時間だから、ちょうど家を出発して二五時間後に、オーストラリアに着いたことになる。寒い。南半球のオーストラリアの九月は早春で肌寒いのは当たり前だが、シンガポールの蒸し暑さから突然、二〇度以上気温の低い土地に来ると、体が震えてしまうほど寒い。慌てて長袖を羽織る。

ロビー出口にシェリントンサイドが手配した運転手が迎えに来ていて、すぐに車に乗り込む手筈になっていたのだが、誰もいない。有吉会長が携帯で連絡を取ってはいるが、先方は遅れているようだ。疲労と眠気と寒さにやられ、誰一人口をきかないでぐったりとベンチに座り込んでいる。この遅刻も相手の作戦のひとつとは思いたくはないが、こう疲れている時に待たされると、気分はどんどん落ちてくる。食事も水も好きなだけ摂取できて、アルコールで睡眠をも導入できた僕でさえ、全身の筋肉が強ばり、今日一日は何もしたくないくらい疲れ切っているのだから、そのすべてが断たれている米澤の状況など、想像するだけでキツい。

三〇分は待たされただろうか。サングラスをかけた二メートル近い巨漢の白人が現れ、手招きをしている。彼が案内人か。遅れて来たくせに謝る様子もなく陽気に手を振っている。半袖のTシャツから伸びた太い腕には手首までタトゥーが彫られ、威圧感があった。案内されている有吉会長との身長差が三〇センチは優にあり、日本人の小ささが余計に感じられた。

「誰がボクサーなんだ？」

青木ジム一行を見て、タトゥーの白人が真面目な顔をして聞いてくる。小林も有吉会長も身長は一七〇センチなく、明らかにミドル級の大きさなのは、米澤一人なのだが、わからないらしい。これには有吉会長も苦笑するしかなかった。大雑把というのか、自分より小さな東洋人はどれも同じに見えるのか……。

まあ、とにかく日本人よりも圧倒的に大きな人たちの世界に降り立ち、いよいよ敵地に乗り込んできたという緊張感は増してくる。それは東洋の国、タイを訪れた時の気持ちとはまったく違う。比べ物にならない。もう、来てしまった。もう、戻れはしないのだ。

タトゥーの白人が流す陽気な音楽に乗って、ただただ真っ直ぐなハイウェイを南下する。ブリスベンからゴールドコーストまでは約一〇〇キロ。車窓には工場と森が交互に現れるだけの退屈な郊外が延々と続く。すぐに皆眠ってしまうかと思っていたら、全員が目をらんらんとさせ、黙ったまま外を眺めている。僕が先ほど感じた緊張感を皆も感じているのだと思う。

遠くに高層ビル群が見えてきた。「あれがゴールドコーストだ」と、タトゥーの白人が英語で説明してくれる。皆、身を乗り出すようにして、前方に目を凝らす。

すると突然視界が開け、波立つ太平洋が目に飛び込んでくる。海の碧と砂の黄色。道は、ビーチと並行に走り始めた。両側にはサーフィンショップやこじゃれたレストラン、有名ブランドショップが並び、風景は突然、リゾートの匂いがし始める。まだ朝七時だというのに、水着姿のカップルが歩いている。そして息をのんだのは、ビーチから直立している超高層のビル群だった。近づいてくると、それがオフィスビルではなく、ほとんどがベランダを有した高級リゾートマンションやホテルだということがわかってくる。

僕は思わず溜息をついてしまう。これまで後楽園ホールやタイの場末のリングで闘うのが、プロボクシングだと理解していた僕にとっては、この風景は異世界だった。ゴールドコーストは高級リゾートだとは知っていたし、決戦の舞台としては申し分ないと思っていたが、想像を超えた豪華さだ。

単純に観光に来ているならば、セレブ気分が味わえて楽しいのかもしれない。しかし、今回の旅は、この街をホームとする相手と闘わなければならないのだ。シェリントンはゴールドコーストと同じクイーンズランド州タウンズビルで生まれ、この街を拠点に戦い、世界ランカーにまでなった地元のヒーローである。別に街と闘うわけではないが、この街のセレブに支持されるボクサーとはいったいどんな存在なのか。小林の《住む世界が違う》という表現が比喩ではなく、体感として迫ってくる。

中心街を抜ければ今度は川沿いの大邸宅群が視界に入ってくる。どの家にも立派な船着き場が作られていて、巨大なヨットやクルーザーが停泊している。一軒一軒、相当数の年月を感じる風格を備えていて、バブル時代に作られた成金趣味とはほど遠い。

僕が大邸宅に見とれていると、ふいに有吉会長が呟く。

「すげえなあ……海もあって山もあって完璧だな……ミドルで世界獲ったら、ここで別荘買えるぜ……」

冗談かと思えば、顔は笑っていない。「買えるよ」ともう一度、落ち着いた声で繰り返した。

仮に今回シェリントンに勝てば、世界ランキングに入るので、世界チャンピオンへの挑戦権を獲得するが、あまりにも現実感がないので、僕はその《仮定》は完全に頭の中から排除していた。

しかし、そんな有吉会長の問いかけに対し、米澤は表情も変えずにうなずく。有吉会長は「ここで冬過ごすのも悪くないよな」と大真面目に続け、二人は別荘街を黙って眺めていた。

僕はこのやりとりを見ながら、もう、この人たちは夢の世界の住人になっているのかと愕然とした。いや、彼らはあえてそう言うことで気持ちを奮い立たせているのか。あるいは、そんな非現実的な空想でも思い描かないと、これから始まる闘いには臨めないのか――。

思えば、取材が始まった当初、米澤に夢は何か、と聞いてみたら「世界……一周旅行ですかね」とギャグのようなことを真剣に答えていた。当時、現実を知らなかった僕は「世界」の後には「チャンピオン」という言葉を期待したのだが、その時、彼は夢にさえ見られなかった。今からすれば、当たり前のことだと思う。

車窓には《世界》を体現するゴールドコーストの街並がどこまでも続く。興奮収まるどころか異様に高まっていく同乗者たちの息づかいを聞きながら、寝不足と極度の疲労も相まって、僕は何が現実で何が夢なのかわからなくなっていった。

そして間もなく、僕たちはホテルで降ろされた。

35

シェリントンサイドは、ゴールドコーストに着いた後にも、過酷なスケジュールを用意していた。

まず、朝八時にホテルで車から降ろされたが、午後二時までチェックインできないことが発覚する。九時から病院でドクターチェックを受け、息つく間もなく連れて行かれたのは、オーストラリアンフットボールの競技場のある大きな総合スポーツ施設だった。

看板には、鮫の絵と共に「シャークスAFLクラブ」とある。どうやらここが試合会場のようだった。タトゥーの白人によると、昼一二時から公式記者会見があるというが、着いたのは午前九時半で、まだ時間は有り余っている。しかも、会場のオープンが午前一一時なので、中に入ることができない。タトゥーの白人に抗議しても、ただ俺は指示に従っているだけだという態度で要領を得ない。日常英会話ぐらいなら平気でこなす有吉会長も、ひどいオーストラリア訛《なまり》をなかなか理解できないようで半ば諦めていた。

仕方ないので、青木ジム一行は、駐車場に停めた車中で眠ることにした。もう三〇時間以上、横になっていない。タトゥーの白人は、この施設に友人でもいるのか、スタッフと談笑しながら中へ入って行ってしまう。入れるなら一緒に入れろよ、控え室でもあればそこで休ませろよと言いたくもなるが、もう彼は建物の中に消えてしまった。有吉会長と小林は、「飯食ってきますわ」とヤケクソのように言い、どこかへ行ってしまった。一人残された米澤は、車のシートで眠ると言って目を瞑った。

一一時半に記者会見場へ行くと、すでにメディア関係者は集まっていて、テレビカメラも来ていた。オーストラリア国旗と日本国旗が掲げられ、試合のポスターも所狭しと貼られている。

会見一〇分前にびしっと糊の利いた青いワイシャツを着て、短髪をきれいに刈り揃えた愛想のいい男がやってきた。その風貌は休日のエリートサラリーマンといった様子で、記者や興行関係者と比べても特別に品がよかった。会場にいる人間は、待ってましたとばかりに笑顔で迎えている。

彼がレス・シェリントンだった。

リラックスした様子で、報道陣にも軽口で話しかけている。整った美しい顔立ちは資料映像と寸分違いはなく、細身のナイスガイという表現がまさにぴったりくる。こんな爽やかな色男が厳つい重量ボクサーをなぎ倒していけば、それは人気が出るだろうと一目で理解した。


昼一二時、定刻通り始まった記者会見は終始穏やかなものだった。

「Welcome Yonezawa here to Australia」

と、笑顔で手を差し出し、米澤に握手を求めたシェリントンは、ディナーを主催した家の主人さながらに、集まったすべての人へ感謝の気持ちを丁重に述べていた。そこには気負いや相手を挑発するような言動は一切なく、優雅に水を飲み、減量の順調ぶりもさりげなくアピールしながら、米澤を讃え、遠く日本からわざわざ来てくれたことにお礼まで言う。

その余裕と紳士的な振る舞いは、ここまで二四時間の迂回路を用意したり、休む環境を一切与えずに対戦相手を追い込んでいく人物像とはなかなか重ならない。

ただ、会見中、この主人公の隣に座ったマネージャーらしき男は終始、眼光鋭く辺りを窺っていて、プロモーターのジョークにもシェリントンの歓待の言葉にも一切反応し

細身でイケメンのシェリントンと米澤（撮影＝みな子さん）

ないで、まるで総理大臣の後ろにいるSPのようなオーラをまとい、強面を貫き通していた。隣でどこまでもジェントルマンを見せつけるシェリントンと、この男のやくざな佇まいがなんともミスマッチで、このチームがやはり一筋縄ではいかない曲者揃いであることを雄弁に物語っていた。

会見の締めくくりには、ショーの主人公として客のもてなしを宣言していた。

「皆さんが楽しめるよう自分は全力を尽くします。素晴らしい試合をお見せするつもりです」

次は米澤の挨拶が促される。周囲には、日本語を通訳してくれる人間は誰も用意されていない。日本人ボクサーはたどたどしい英語で話し始める。

「サンキューギブアチャンス。アンドアイプロミスグレイトファイト。サンキュー」

これだけ言うと、口を閉じた。突然ふられた挨拶にもかかわらず、不思議と迷いがなかった。

《グレイトファイト》

それは、もしかしたらずっと米澤が心の奥底に仕舞い込んでいた夢なのかもしれない。それを夢見てここまで生きてきたのかもしれない。

ぱらぱらと拍手が起きて、会見は終わった。

公式行事が終わった後、米澤が帰る支度をしていると、地元テレビ局のカメラがシェリントンに単独インタビューをしていた。僕は、その姿を見ていた時、やっとこの男の本音が聞けたような気がした。ディレクターが「今度はどんな試合になると思うか」と聞いた時、シェリントンは落ち着き払いながらも、力強く語った。

「Win is the must」

訳せば、「勝利は必須条件だ」というところか。

さらに、続けた。

「その上で、皆さんの期待に応えられるような試合をしますよ」

## 36

試合前日、計量の日。目が覚めたのは、何時だったのだろうか。午前二時を回ってベッドに入ったはずなのに、辺りはまだ薄暗い。ベランダに出ると、ゴールドコーストの街はようやく白み始めたばかりだった。不思議と眠くはなかった。清掃業者が道端に積み上げられたゴミ袋を積み込んでいる。

高層マンション群の向こうには、太平洋の大海原が広がっていて、水平線が赤みを増している。大陸から吹いてくるそよ風は湿気もなく、冷え冷えとしていて心地よい。たった二日前のことなのに日本のうだるような暑さが遠い昔の出来事のように思えてくる。

午前八時に一台の車がホテルに到着した。降りてきたのは、大きな登山用リュックを背負った小柄な女性、恋人のみな子さんだった。仕事がぎりぎりまで忙しく、皆から一日遅れでゴールドコーストに駆けつけたのだ。偶然、後から来る撮影スタッフと飛行機が同じだったので、空港からホテルまで一緒の車でやってきた。

「やっぱり遠いですね。疲れました」

「でもよかったです。無事着いて。米澤さん、結構心配してたんで……」

「私もホントに行けんのかって思ってました。私、成田でも、出発直前まで会社に電話していて……もういいやって、電話切って飛行機乗っちゃったんですよ。帰ったら怒られるだろうなあ。あ、でも、会社の人たち、私が闘うんでもないのに『頑張ってこい!』って送り出してくれたんですよ。うれしいですよね」

ロビーに米澤が下りてくる。

「結構早かったね」

米澤は、みな子さんの顔を見て少しはほっとしたようだったが、表情は硬い。ホテルに入ってからというもの、ずっとひとりで部屋に閉じ籠り、僕はドアをノックする気さえ起きなかった。そんな米澤に恋人はぶっ飛んだ突っ込みを入れる。

「なんかさ、泥棒みたいな顔してるよ」

「そう?」

「大丈夫?」

「大丈夫、大丈夫」

確かにひげ面で頬はげっそりとし、泥棒と言えば泥棒に見えるのだが、試合前のボクサーにかける言葉としてなかなかそんな表現は思いつかない。みな子さんの天然ぶりはさらに続く。

「私、全然オーストラリアドル持ってないんだけど、大丈夫かな？」

「大丈夫じゃないよ」

「だってスタッフの人たち両替しないから、ホテルの近くでやればいいかなって思ったんだけど」

「この辺ないよ、両替できる所」

「スタッフの人たちは？」

「あの人たちはもう持ってるんだよ。あなたとは違うの」

「じゃあ、どうしよう？」

「どうもこうもないでしょ？　なんで替えてこないの？　日本円、使えるわけないんだから」

早々に喧嘩が始まった。僕がお金を両替するということで収まったのだが、米澤は、やはり精神的には異常事態を迎えているようだった。さっきまでの微笑みが、両替一つでこんなにも揺れてしまう。

この日は、みな子さんにとっても別な意味で大事な朝だった。ここゴールドコーストではじめて米澤の両親に会うのだ。

ホテルの部屋に入った米澤は早速、内線電話で両親に連絡を取る。

「ご飯食べた？　ちょっとその辺のレストランまで行こうかと思うんだけど。彼女来たからさ、下で待ち合わせてさ。今、八時だから、八時半に下に集合でどう？」

米澤は、自分は何も口にできないのに、朝食を四人で摂ろうと提案している。僕はなんでこんな試合前日に恋人と親を引き合わせるという大イベントを用意したのか理解に苦しんだ。

以前、みな子さんが口にした「ちょっとくらい頭が変になっても面倒見るから」という言葉を思い出す。今度の試合後、米澤がどんな状態になっているかはわからない。もしかしたら、まともな会話ができなくなってしまうかもしれない。これはシェリントンとの実力差を考えたら、決して大げさな話ではない。

米澤は口には出さないけれど、五体満足なうちに、ちゃんと僕にはこういう愛する人がいるのだと、自分の言葉で父と母に伝えたかったのかもしれない。

「じゃあ、そういうことで、よろしくお願いします」

米澤は朝食の段取りをつけ、両親の了解を取り付けると、今度はいきなりベッドに転がって目を瞑る。眠ろうとしているらしい。

みな子さんに会えてうれしかったり、かと思えば小さなことで怒ったり、両親に気を遣って電話をしたり、そしてすぐに眠ろうとしたり。もうこのボクサーの感情は滅茶苦茶だった。けれど、このハチャメチャが米澤の必死さをそのまま表しているようで苦しくなった。

米澤の両親はみな子さんを笑顔で迎え、食事の最中も穏やかな空気が流れていた。一同を盛り上げたのはレストランに置いてあったスポーツ新聞だった。そこには米澤とシェリントンの写真が載っていて、明日の試合が大々的に報じられていたのだ。紙面に躍る見出しは、

《Sherrington won't take southpaw Yonezawa lightly》

訳せば、「シェリントンはサウスポーの米澤を簡単には片付けられないだろう」といった感じだ。記事を詳しく読んでみると、シェリントンはサウスポーを苦手としていて、きたるWBA世界ミドル級三位ジャロッド・フレッチャーとの決戦のための練習と書かれていた。おそらくジャロッド・フレッチャーがサウスポーなのだろう。いかにも米澤をバカにしたひどい記事なのだが、父親の良雅はここまで大きな試合なのかと驚いていた。米澤は、恋人と両親を前に新聞を広げながら、減量の苦しさなど忘れたかのようにうれしそうだった。

朝食を終えると、米澤とみな子さんは、二人でビーチへ歩いていった。せっかくゴールドコーストまで来たのだから、美しい海の一つでも見せてあげたいという米澤の計らいだったのだと思う。

みな子さんは海が好きだった。福島県楢葉町の海辺で生まれ育ち、いつだって波音が傍らにあった。

海に向かう道すがらブランドショップが軒を連ねるメインストリートを歩き、みな子さんは本当に楽しそうだった。普段ほとんど二人はデートらしいデートなどしたことがない。海外旅行など夢のまた夢だった。平日、仕事とボクシングに明け暮れる米澤は、休日は六畳一間のアパートで疲労を抜くことしか考えない。たとえ無理を言って新宿辺りまで引っ張り出しても、常に食事制限を課しているから何も食べないし、スポーツ用品店くらいにしか興味がないのだ。一人で美味しいものを食べていてもそんなに楽しくはないから、いつしか、みな子さんはデートに誘うのもやめるようになっていた。

突然、潮の匂いがしてきたかと思うと、高層マンションの向こうに青い海と白い砂浜が広がる。思わず「うわあ、すごい」と声を上げ、走り出すみな子さん。そんな恋人を尻目に米澤はひとりシャドーボクシングを浜辺で繰り返した。

高級リゾートの優雅なビーチで、水着姿の観光客がゆったりくつろいでいる中、ひとり全身黒ずくめで黙々とパンチを振るい続ける日本人の姿は異様ではあったが、これがもしかしたら、二人の最後の美しい思い出になるのかもしれないと想像してしまい、苦しくなった。

計量はこの日の午後一時に予定通り行われ、問題なくパスしたが、現場で判明したのは、それがただのマスコミ向けのセレモニーで、本番は午後六時ということだった。突然、計量時間が五時間も先に延ばされるということは、食べ物どころか一切の水分もとらず、ギリギリの計算をもとに減量しているボクサーにとっては相当なダメージだが、これもまた、シェリントンサイドが仕掛けてきた《作戦》だった。

「大丈夫か……？」

有吉会長も心配そうに声をかける。世界一〇位のくせにここまでやるかと、さすがに苛立たしげだった。けれど、米澤にはまったく動じる様子がない。

「全然、大丈夫です」

にこやかに答え、前を見据えていた。もう、何が来てもいい。すべては明日のリングで見せる。言葉はなくともその覚悟は十分僕には伝わってきた。

## 37

もう日は傾いていた。

試合当日九月二〇日、午後四時五〇分。出発予定時間一〇分前にホテルのロビーに下りていくと、斜めに傾いた太陽光がうつむいたボクサーの顔を照らし出していた。僕が来たことにも関心を払わず、厳しい目はどこか遠くへ向けられている。隣に座っているみな子さんも黙り、有吉会長も小林トレーナーも何一つ言葉を発しない。米澤の両親はひそひそと何かを話してはいるが、小さ過ぎて聞こえない。ワゴンタクシーがやってきて、全員が乗り込んでも、沈黙は続く。低いエンジン音だけが心臓音のように響いている。時折、苦しそうなえずきが聞こえてくる。見れば、険しい顔をした小林が胃からこみ上げるものを必死に飲み込もうとしていた。向かい合って座る有吉会長は、小林のことを見ようともしない。ただじっと、まばたき一つしないで車窓を見つめている。大きなリュックを抱えた米澤は眉間にしわを寄せ、外界すべてをシャットアウトするかのようにぎゅっと目を瞑り、ひたすら自らの心と闘っている。試合会場が近づくにつれて、皆、祈るような表情になっていく。そこがどんな風景であれ、僕たちは敬虔な場所に向かっているのだと思う。

シャークスAFLクラブに着くと、まずは立派な控え室に通された。一〇畳くらいの一人で使うには広過ぎる空間で、鏡が壁の二方に貼られ、給水機と冷蔵庫まで用意されていた。これまで米澤が使ってきた後楽園ホールの控え室は、三、四人で使うのに六畳もない狭さで、中にあるのは長椅子くらいだった。

「氷もあるよ」と有吉は冷蔵庫の中身をチェックしながら感心している。ミドル級の世界ランカーと興行のメインを張るということは、こういうことなのだ。米澤にも気合いが入る。

リングを確認するために試合会場へ向かう。

薄暗い通路から見えてきた決戦の舞台は、これまでのどんな試合とも違う異空間だった。青木ジムの三人を迎えたのは、蝶ネクタイをした給仕たちで、会場はディナーショーをするホテルの大広間さながらの空気に包まれていた。中央に設えられたリングの周りには、白いテーブルクロスがかけられた円卓が並べられ、給仕たちがグラスを拭いたり、きれいな皿やよく磨かれたフォークなどを丁寧に配置している。どうやらボクシングの試合を見ながら、優雅にディナーを食べるというのがゴールドコーストのやり方らしい。小林も「こんなのははじめてですね」と驚いている。

慣れない空気の中、セコンド二人と米澤がリングに上がる。入った瞬間、有吉会長が呟く。

「狭いね。これならやりやすいよ」

小林と米澤もその言葉にうなずく。確かに前回のバンコクのリングよりも小さい気がした。

これはとても不思議なことなのだが、プロボクシングのリングは大きさが決まっていない。正方形の一辺が五・四七メートルから七・三一メートルの範囲であればOKという極めて曖昧なルールがあるだけだ。リング一辺が二メートル近くも変われば、かなり面積は変わり、試合内容にも大きく影響を与える。こうしたルールの幅は、つまり、興行権を持つ側が自分の選手にとってやりやすいサイズを決められるということだ。接近戦を得意とするファイタータイプであれば、小さければ小さいほど打ち合いに持ち込みやすいし、足を使うボクサータイプであれば大きい方が有利となる。

今回、シェリントンサイドが小さなリングを用意したということは絶対逃がさないという意志表示なのだろう。

青木ジムの三人は丁寧にリングの感触を確かめている。眼鏡を外した米澤は、ぼんやりとした視界の中でどんな風景が広がるか確かめながらシャドーを繰り返す。今回のリングで特徴的だったのは、ロープがかなり緩く張られているという点だった。米澤によると、ロープがたわむと「沈みこんで抜けづらい」という。仮に米澤がシェリントンにロープ際に追い詰められたとしても、ロープがきちんと張ってあれば、反動を利用して身体を入れ替えたり、外へ抜けたりしやすいのだが、緩いと深く押し込まれてしまい、穴にはまったようになって逃れられなくなってしまうのだ。シェリントンの勝利の方程式が、《追い詰めてパンチの連打》であるとすれば、まさにそのためのリングだと言える。

さらに問題は続く。

興行関係者と話していた有吉会長が顔を曇らせて戻ってくる。

「照明このままだって」

「まじっすか？」

さすがの米澤も動揺が隠せなかった。なぜなら、このリングにはほとんど照明らしい照明が当てられていないのだ。客席と同じ薄暗さで、ショーの舞台としてはどう考えても不自然だ。

日本ボクシングコミッションのルールには、

「リングの照明には、少なくとも合計4キロワット以上の電球を取りつけること」（第53条7項）

とあるが、ここオーストラリアにはそんな規定はないのだろうか。

米澤の視力は右が〇・七、左は〇・三しかないため、薄暗いリングでは圧倒的に不利だ。後楽園ホール程度にライトアップされていれば、米澤は「雰囲気で見える」と言うが、この暗さはどれだけのハンディとなるのだろうか。穿った見方をすれば、シェリントンは有吉会長が送ったドキュメンタリー番組のＤＶＤを見て、普段の米澤が眼鏡をかけていることを知り、視力が悪いことに気が付いた。だからこそ照明をつけないという作戦に出たのかもしれない。言うまでもないが、コンタクトレンズなど殴り合いのスポーツでつける選手はいない。

「暗いなあ」有吉会長は不満げにぼやいているが、《試合をさせてもらっている》以上、抗議はできない。「しょうがないっす……」と米澤は強気を崩さないが、世界一〇位の徹底ぶりに衝撃を受けているようだった。万が一の可能性も残さない。その執念は異常なものだった。

リングを降り、米澤はひとり控え室に戻った。

僕はカメラマンの高橋秀典やADの山口剛とカメラワークの検討に入った。オーストラリアのテレビカメラも数台入るので、カメラ位置にはそれなりの制限がある。米澤も勝負だが、僕たちも一世一代の大撮影だ。何度も入場導線と動きの確認をした。

すると、米澤の控え室がなんだか騒がしくなっている。慌てて駆けつけると、荷物を抱えた米澤が控え室の外に立っている。

「なんか、あの部屋、シェリントンの控え室だったみたいです。僕たちはあっちだって言われました」

「ヘイ!」という大声が聞こえると、僕らを呼んでいる浅黒い肌の少年がいる。顔はあどけないのに身体は一〇〇キロを優に超える大巨漢で、彼に先導されるままについていくと、ことの詳細がわかってきた。

米澤の控え室が近付くにつれ、通路のそこここにボクサーと思われるヒスパニックや黒人の選手たちが現れ始め、最終的に僕らが案内されたのは単なる物置だった。折り畳みテーブルやパイプ椅子がうずたかく積まれ、空いたスペースで、すでに何人かの選手が準備を始めている。通路にいた選手は、ここが狭過ぎるから外にいたに違いない。皆、中南米系と思われる有色の肌、もしくは東欧諸国の人たちで、シェリントンのようないわゆるWASP的な白人は誰もいない。

おそらくここは、格下の選手の控え室で、あの冷蔵庫のある控え室は、格上で、地元ゴールドコーストの白人選手が集まっているのだろう。このあからさまな差別的待遇から、オーストラリアが持つ人種の複雑な状況が浮かび上がってくる。

「まあ、物扱いですよね」

有吉会長も怒りを露にしている。考えたくはないが、白人がその他の肌の色を持った人間を倒すショー、というニュアンスが拭いきれない。そう言えば、プロモーターも審判も全員が白人だった。

しかし、この物置で準備するボクサーもサポートするセコンドも、不遇を共有しているせいか、不思議な一体感が生まれていた。試合に出て行く選手を皆で《グッドラック！》と送り出す。血まみれで戻ってくれば、容態を気にかける。写真を撮り合っている選手もいる。いつもの米澤ならば、目を瞑り動かず、自分の世界にただただ没頭して試合開始を待つのだが、この控え室だといろんな選手やトレーナーに話しかけられるので、そうもいかないようだ。言葉も通じない黒人選手から肩を叩かれ、親指を立てて《グッド？》と話しかけられ、米澤も戸惑いながらも《グッド！》と答えている。試合に勝とうが負けようが、みな底抜けに明るい。米澤にしても、顔を腫らし、血を流し、明らかに敗北したボクサーから「お前は頑張れよ！」と笑顔でエールをもらったことなどないだろう。そしてそんな環境も手伝ってか、最初は強ばっていた日本人ボクサーも少しずつリラックスしてきたようだった。米澤の試合は興行のメイン、最後の九番目だ。予定時刻は午後九時半。まだまだ二時間近く余裕があったが、小林は「そろそろバンデージ巻くか……」と言った。

38

午後一〇時半。予定時刻を一時間も過ぎた頃、リングアナウンスの呼び声とともに、シェリントンがリングに上がる。迎えた観客の熱狂は凄まじいものだった。

「ロックンロード……シェリントン！」

会場全体が揺れたかと思うほどのシェリントンコールに合わせ、頭まですっぽりかぶっていたパーカーを脱ぎ捨てると、現れたのは全身を紅潮させたサイボーグのような鋼の肉体と狂犬のような血走る眼だった。もうにこやかなジェントルマンの面影はどこにもない。盛り上がった筋肉は前日の計量よりもさらに大きく見えた。これは印象などではなく、計量後に驚異的な回復力で一気に体重を増やし、仕上げてきたのだと思う。米澤より一回りは太い腕とぶ厚い胸板、がっしりとした下半身。きっとこの肉体も一つのエンターテインメントなのだ。女たちは溜息をつき、男たちはスーパーマンが目の前に現れたような錯覚に陥る。そして皆、マシンガンのようなラッシュで米澤をマットに沈める瞬間を見るためにここへ集まっているのだ。

「シェリントン！　シェリントン！」会場を覆い尽くす観客の絶叫が頂点となった時、試合開始を告げるベルが鳴った。

第一ラウンドが始まると、まずボクサー同士はグローブを合わせ、軽く会釈を交わし、そこから闘いを始めるのがこのスポーツのエチケットであり暗黙のルールだ。もちろんこの日も、米澤とシェリントンはグローブを合わせた。

が、そこから闘いの構えをとるやいなや、右腕を前に突き出した米澤がシェリントンに向かってダッシュする。面食らった世界一〇位はロープ際まで後退する。これは事前に考えていた奇策だった。いきなり走って相手を困惑させろ。

ところが、シェリントンは背中がロープに接触した瞬間、強烈なアッパーとフックの連打で米澤をリング中央まで弾き返す。クリーンヒットはしなかったが、全力で突っ込んでいった米澤をいとも簡単に跳ね返すパワーが桁違いだった。接近戦どころではない。トレーナーの小林は顔をしかめながら叫ぶ。「リズム変えてもいいんだよ！」まだ始まって一〇秒足らずである。いきなりリズムを変えろという指示。「リズム変えて！　リズムだよ！　リズム！」小林は叫び続ける。一定のペース。単調な動きになった瞬間にやられる。徹底的に《サウスポーの変則ボクサー》を演じろ、と。

米澤もセコンドの意を受けて、腰を落として構えたり、ガードを下げて、グローブを回したりと、《変わったボクサースタイル》を演じ、中に入る隙を探し続ける。シェリントンはあくまでオーソドックスに構え、相手の出方を見ている。嵐のような出だしから、静かな様子見の時間が始まった。米澤が前に躍り出ても、蚊を払うように右アッパーと左フックで跳ね返し、またじっと見ている。

息の詰まるような一分間が過ぎた。先に動いたのは挑戦者の方だった。米澤はふいに力を抜き、戦意を失ったような顔をした。打つ手がない。そんな表情にも見えた。しかしその瞬間、ノーステップで放った右のスマッシュが見事に相手の左頬を捉える。一発で仕留められるような強烈さはないが、シェリントンは思わず下がる。

「よっしゃ！」

まさかの先制パンチに米澤セコンドのボルテージが上がる。有吉会長はすぐさま作戦を伝える。

「右意識したから、次、左だよ！」

これは、このラウンドで決めろという合図だった。たった一発。まぐれのようなパンチが当たっただけで、もう勝負に出ろ。いくらなんでも滅茶苦茶な指示だろう。けれど、米澤はそうせざるを得ない状況にあった。

ちょっと複雑なのだが説明すると、本来右利きの米澤は、レスリングをやっていた時、右手を前に出して構えるスタイルをとっていた。そして、三〇歳を過ぎてボクシングを始めた頃は、多くの右利きの選手のように、左手を前に構えるオーソドックススタイルをやっていたが、どうもしっくりこなかった。いくら練習してもうまくいかず、結局、レスリング時代になじんだ右手を前に出すスタイルに落ち着いた。

実はこれは通常、左利きのボクサーが取るサウスポースタイルで、対戦相手は当然、左に強いパンチがあると思い込む。そこで右パンチに強烈なものがあれば、相手は驚くというわけだ。

シェリントン戦が決まって以来、米澤がひたすら右のスマッシュと呼ばれるパンチを練習してきたのはそんな理由だった。右の強いパンチで相手の心に迷いを作り、右を意識しているうちに、左のスイングパンチで倒す。これが小林と米澤が必死に考え、ただ一つ倒せる可能性を導き出した戦法だった。また、それはできるだけ早い回に決めなければならない。相手の困惑が収まったら意味がなくなる。

この一ラウンドが早くも正念場となった。

米澤は、シェリントンの表情をじっと見つめながら一発のタイミングを窺う。多投はできない。なんとしても一発に賭けなければならない。

ところが、世界一〇位にはまったく動じる様子がない。サウスポーに右パンチがあろうがなかろうが、意に介さず、平然と構えている。

焦った米澤は、意を決して左スイングを打ちこむ。が、簡単にかわされ、代わりに右アッパーと左フックのコンビネーションをもらってしまう。まだ右パンチへの意識が足りない。左スイングを当てるための布石になりえていない。一分四〇秒。米澤は再び右のスマッシュを仕掛ける。今度は見事に相手のパンチをかいくぐりカウンター気味に決まる。シェリントンが下がる。これを繰り返せば、万に一つの隙が生まれるかもしれない。

しかしこのパンチは世界一〇位のプライドを傷つけたようだ。

シェリントンの顔が一気に赤みを帯び、攻勢に出る。狙い澄ましたジャブを米澤のガードの隙間から打ち込んでくる。続けざまに三つ。ズドンというストレートのような重いパンチだった。米澤は驚いたように一瞬足が止まってしまった。その時、得意のラッシュが始まった。右、左、右、左、四連発。ガードの上だろうが構わず叩き込めば、会場全体に米澤の肉体がきしむ音が響き渡る。「待ってました!」とばかりに客席が沸く。セコンドの小林は早くもタオルを握りしめる。危なければすぐタオル。覚悟は決めていた。

米澤は必死に逃れる。シェリントンは深追いこそしないが、確実に距離を詰めてくるその姿は、獲物を仕留めようとする巨大な熊だった。このパターンなのだ。対戦相手はコーナーに追い込まれ逃げ道を失い、あのラッシュの餌食となって終わり。苦し紛れにもう一度米澤が右スマッシュを打っても完全に見切られている。お返しに強烈なジャブが正確に米澤の顔を捉える。米澤は二度目の起死回生の左スイングを狙うも、前と同じ。余裕でかわされ、右のアッパーと左フックのコンビネーションの返礼を受ける。米澤は右手を突き出し、なんとか距離をとって時間を稼ごうとしているが、きれいなストレートが伸びてきて、米澤のあごに突き刺さる。すでに必勝の方程式に引きずりこまれようとしていた。

「待ったら(パンチが)来るんだよ! リズム変えろ! 低く!」

小林が苦い顔をして叫ぶ。攻め続けるか、予測できない奇妙な構えを取り続けるか。まともに相手の出方を待って対応できるスピードではない。こちらが先手を取り続けるしか、生き延びる道はないのだ。すでに米澤の鼻からは血が垂れている。相手が距離を詰めてきたら必死にクリンチに逃げる。

なんとか一ラウンドは耐えた。

「全然、会場の雰囲気に呑まれてない。大丈夫。呑まれてないよ」

コーナーに戻ってきた米澤に小林が最初にかけた言葉だった。完全アウェイのこの大舞台で、気持ちが負けていないことだけでも誉め称えた。米澤の目はまだしっかりしていて、冷静に状況を小林に尋ねる。

「まだ距離遠いですか？」

「まだ遠い。くっつけるでしょ？　ロープ押し込んでポンポンポンね」

すぐに有吉会長が思いがけない言葉をかける。

「まだ左出してないから。右はだいぶ意識してるから、次、左当たるよ」

左とは勝負に出た左スイングのことで、右とは右スマッシュのことだ。

僕は、二回の左スイングが見事にかわされていたのを覚えている。会長も小林も米澤もみんな知っていたと思う。けれど、会長は《まだ左出してない。次、当たる》と言い切った。こう言うことでしか、再びリングへ送り出す術がないのだ。

インターバルの間、いち早くコーナーから出てきたシェリントンは一度深く屈伸。それからリズミカルにジャンプを繰り返し、今か今かとゴングを待っている。

二ラウンドが始まると、シェリントンは軽いステップで時計回りに円を描くように回り始める。低く構えた米澤は、なんとか足を止めようと踏ん張るが、左の鋭いジャブに耐えきれず、一緒に回らされてしまう。

すると開始二〇秒。低く構えていた米澤のあごに一発の強烈なアッパーを見舞い、強引に顔を上げさせる。あらかじめ立てていたプランだったのかもしれない。米澤の上体が真っ直ぐになった瞬間、猛烈なラッシュが始まった。右左右左。アッパーとフックを織り交ぜながら、米澤のボディをえぐる。耳を覆いたくなるような衝撃音が走る。米澤は堪えようと踏ん張るが、あっという間に、リングの端まで弾き飛ばされる。ロープ際で動けなくなったら試合が決まる。

とっさにトレーナーの小林が「出せ！」と叫ぶ。すると米澤は打たれながら、死に物狂いで右のスマッシュを一発打つ。運がよかったのか、米澤のタイミングがよかったのか、この一発が当たり、なんとか突進を止める。もしかしたらシェリントンは驚いたのかもしれない。自分のラッシュの最中、この日本人がまさか打ち返してくるとは想像していなかったのかもしれない。ともかくロープ際で組み合う体勢となり、猛攻は止められた。

青木ジムのセコンド二人は「ＯＫ！」と歓声を上げる。ほとんどダウンを取ったような喜びようだ。僕はカメラを回しながら、しばらくこの一発の効果を理解できなかった。米澤を鼓舞するための芝居なのかと疑った。

でも、と思う。あの凄まじいラッシュを浴びながら、たかが一発とはいえ、力の入った右スマッシュを米澤は確かに当てた。たった一〇日前、B級ボクサーとスパーリングをしていても、ほとんど決められなかった《練習中》のパンチなのに。

もう一度、あのタイミングで決まれば。もう一度、相手が突進してきた時に正確にあごを打ち抜き、シェリントンの脳髄を揺さぶることができるならば……。ほとんど夢物語だったことが、はじめて現実として一瞬だが見えた。

「おい、同時に打ったら当たるぞ、これ!」

絶叫する会長は目の玉が飛び出そうなくらい力が入っている。

しかし、喜びも束の間、シェリントンは、米澤を左手で抱え込むように押さえ、右でボディを連打。至近距離ゆえ、米澤の顔に苦悶が浮かぶ。だが、超接近戦ならば元レスラーの最も得意なスタイルだ。すぐさまショートアッパーで応酬しようとするが、そこは天性の勘なのか、するっとシェリントンが離れていく。

この世界一〇位はおそらく防御がうまい。危険を察する能力が高い。だから、たかが一発とはいえ、自分のラッシュを浴びながら返してきた米澤の右スマッシュを忘れることはない。そして、すぐに戦法を変えてきた。いきなり踊るような足踏みを始め、スピードのギアを一段上げる。ワンステップで飛ぶように前へ出て、フックのワンツーを決めると離れていく。米澤に返す間などない。アウトボクシングに切り替えたようだ。

米澤は、なんとか先ほど当てたようなスマッシュを狙い続けるが、それには相手の連打が必要だ。じっとその時を窺う。しかし、作戦を変えたシェリントンはなかなかラッシュを仕掛けてこない。ならば、自ら前へ出るしかないのだが、シェリントンの左のジャブが米澤の気持ちをそぐ。近づこうと思った時に、そのタイミングを計ったように決めてくる。鼻血がもう止まらない。さらに右のストレートには想像以上に伸びがあり、米澤のパンチが届かないところから正確に決められてしまう。

「入るリズム変えるんだ！」

小林は声を嗄らす。状況を打開しなければマズい。

その時、もう一度、シェリントンが右のアッパーで米澤の顔を上げ、再びラッシュを仕掛けてくる。シェリントンの左フックが右脇腹に、続けて右フックが左脇腹にものすごい音を立てて食い込む。苦しかった。けれど、これに耐えて、右スマッシュを打ち返そうとした瞬間、シェリントンが手を止めて下がる。

相手の《狙い》を完璧に読んでいるのだ。米澤の表情が曇る。ボディが効いたのか、それとも攻撃が読まれていることに失望したのか。気持ちだけで、ふらふらと前へ出ると、ダメ押しのような左フックが右脇腹の肝臓辺りに突き刺さる。急所だった。もんどりうって倒れてもおかしくない強烈なパンチだった。米澤は反射的にパンチを返そうとしたが、相手は目の前から消えている。

シェリントンとしては、実に気楽な闘いだっただろう。米澤が明らかに自分のラッシュの打ち終わりを狙っていることはわかったし、それ以外のタイミングでパンチを打たれても、かわすのは朝飯前だ。足でかき回せば、ついてこられない。ただ、問題はいつ倒すか、その一点だったのかもしれない。観客が楽しみにしている《ラッシュショー》をどの場面で演出するか。

米澤にしてみれば、自分がラッシュの打ち終わりを狙っていることが、相手に見抜かれている。ならば、何ができるのか。結局は、超接近戦に持ち込み、その中で一発当てるチャンスを探るしかないのではないか。

低く低く構え、牛の前進を始める。

すると、シェリントンは背を丸め米澤よりもっと低く構えて、肩でタックルを仕掛けてくる。押し返され、詰められない。レスリングで鍛えた組み合いも相手ペースで進められてしまう。これでは得意の接近戦にどう持ち込んでいいのか、術がない。

その感情が、思わず苦笑いとなって、米澤の顔に現れる。

「集中して！」

慌てて有吉会長が声をかけるが、すぐさま再びレバーを狙った左フックを入れられてしまう。スタミナがどんどん削られていく。

残り一分が長かった。相手は距離を作り、ストレートパンチとジャブを織り交ぜながら、攻めたててくる。顔をカバーすれば、左フックでレバーに打ち込んでくる。一発だけ、米澤は突進し、前に突き出した左のジャブでボディを当てるが、さして効くような力はない。二ラウンドにしてもう闘う方法を失ってしまったかのようだった。ただ相手は米澤の疲れが出た一瞬を《ラッシュショー》のタイミングと狙っているので、それだけは見せまいと歯を食いしばる。

そしてようやく二ラウンドが終わる。終了のベルを聞いた時、米澤は悔しそうに拳を振るう。「あー！」と怒りを露にする。コーナーに戻ってくると、グローブを宙に上げて、深呼吸を一つ。どうすればいいのか。祈るように天を仰ぐ。

「一発ボディ当てたな。あれよかったよ。あれだよ、あれ。流れいいんだから、大丈夫」

小林は懸命に前向きな言葉をかける。けれど、米澤は目を合わせない。あのボディがなんの意味もないことは本人が一番知っていた。

米澤は相手がどんなに強くても、何か自分にできることがあれば、そこに全神経を集中できる。だが、逆に、道筋が見えなくなると、途端に動けなくなる。ボクシングをスポーツとして捉え、計画的にトレーニングをし、作戦を練り、実行することこそ喜びとするこのボクサーの限界だったのかもしれない。しかし、だからこそ、小林はあえて声をかける。

「いけるか？」

過酷な問いだった。

もがきたくても、もがき方がわからない。この状況で、どうやって闘う意志を持ち続ければいいのか。

だが、米澤ははっきりと答えた。

「もちろん」

やせ我慢だったのかもしれない。ただの強がりだったのかもしれない。それでも目の光は失われてはいなかった。

小林は絞り出すように作戦を伝える。

「相手、ボディ狙ってんだから、それに合わせろ」


三ラウンド。状況は悪くなる一方だった。

シェリントンの左ジャブはさらに勢いを増し、軽いステップで回りながら打ったかと思うと、突然、前に躍り出てきて連打。左手一本で繰り出されるだけなのに、角度、スピード、タイミングが変幻自在で手に負えない。米澤にある作戦はただ一つ。《シェリントンがボディを狙ってきた瞬間に打つ》これだけだ。だが、ジャブを連打されると、動けない。米澤は途方に暮れたような顔をしている。

開始二〇秒。シェリントンのものすごい右フックが決まる。このタイミングに合わせて打たねばならないのだが、とてつもなく速い。ダメージもさることながら、そのスピードに反応するのはほとんど不可能だ。セコンドが叫ぶ。

「一緒に打てればいいな！」

その声は僕には虚しく聞こえた。なぜなら、米澤にシェリントンのフックに合わせられる反射神経とスピードがあるならば、そもそもひたすらボディを打ち続けるこのボクサーのスタイルなどやってはいない。

米澤が苦い顔をしている。恐らくあのフックは効いた。そしてその瞬間をシェリントンが見逃すはずがなかった。畳み掛けるようにフックの連打。五発。なりふり構わず、マットに叩き付ける勢いだった。終わりかと僕は思った。ところが米澤は崩れ落ちそうになりながら一発のパンチを放つ。それは空を切ったが、そのパンチがまたしてもシェリントンの勢いをかろうじて止める。止めなければ、片がついたと思うが、米澤の《何か》が彼を踏みとどまらせた。

もう、世界一〇位は試合を終わらせていい時間だった。実際そのつもりだったと思う。しかし、シェリントンが何度ラッシュを仕掛けても、米澤の心が折れない。空振りでも、とんでもない方向でも、なにがしかのパンチを打ち返してくる。少しでも攻撃の手を緩めれば、逆に米澤は突進してくる。クリンチしてしまえば、なんのことはないのだが、何度でも詰め寄り、力ない右スマッシュと左スイングを振り回す。当たらないのにやめようとしない。そのたびに強烈なジャブをもらう。観客は笑っている。確かにその姿は無様と言えば無様だった。

でもそれは、三六歳一一ヶ月にして、まだボクシングを続けている、米澤の人生そのものにも見えた。

《なぜ米澤は闘い続けているのか？》

取材を始めて八ヶ月、僕がずっと考えていたことだった。やりたいからやっている。それでいいじゃないかと思いもした。けれど、米澤と過ごす時間が長くなれば長くなるほど、プロボクシングにしがみつき続ける彼の心がわからなくなってくるのだ。だから僕は、場所も状況も変えて、根掘り葉掘り尋ねてみたが、米澤からは要領を得ない答えしか返ってこなかった。

「僕にはやめる理由がない」

「ボクシングが楽しいから」

「奥深いっていうか、単純に殴るスポーツではないってことに気付いたからですかね」

どれもこれも、アマチュアで趣味として続ければ十分満たされる感情であって、プロという厳しい環境で闘うに値するものではない。そこを突っ込んで聞いても、「いやあ、でも……」と言い淀んで会話が終わってしまう。

本人から聞けないのであればと、周囲の人間にも尋ねて回った。親はもちろん理解不能。仕事の同僚も首を傾げるだけで、思い当たる節がない。

総合格闘技時代の仲間に至っては、「彼は総合やってる人の中でも打撃がかなり下手なほうだったんですよ。なのに、どうしてボクシングを始めたのかは、ちょっと……わからないですね。彼を知ってる人なら誰もわからないんじゃないかな」こう証言する始末だった。

もしかしたら、高校時代を知る人に尋ねればなんらかのヒントが得られるかもしれないと、八千代松陰高校レスリング部の恩師、八木光《やぎひかる》を訪ねてみても、「真面目な性格は認めますけど、プロを目指すタイプではないと思ってました。そこまで自分を追い込める子ではないですから。なぜあの年までやっているのかって?……それは本人に聞いてください。僕にはわからないですね」。

僕は、今回、世界一〇位とのマッチメイクが決まるか決まらないかの時に、一度だけ米澤にこんな話をしたことがある。

「ボクシングをやめた後の人生のほうが絶対に長い。もし、再起不能の怪我を負ってしまったら、どうするのか? 東洋太平洋ランキング一四位なら、十分なキャリアで、胸を張って生きていける。トレーナーにもなれるかもしれないし、普通の会社を探すにしてもここまで頑張ったのだから、就職活動にも役立つ。もう無理をしてこんな闘いをしなくてもいいのではないか。十分やりきった」

大体こんな思いの丈をぶつけた。そこには、僕自身の一言が発端になって、ここまで大きな話になってしまったという後悔の念が混じっていたのだと思う。

米澤は、じっと考えた。やがて、ぽつりと言った。

「やっぱり、やりたいです。強くなりたいから」

僕はこの答えに、まったく納得しなかった。なぜ強くなりたいのか？　そこまでして強くなりたいと思うのはなぜなのか？

「僕、この取材が始まって、山本さんにいろいろ聞かれて、自分なりにも考えるようになって、自分はどうしてこんな思いまでして練習したり、試合したりしてるのかなって、考えたんですよ。それまでは、ほとんど考えたことなくて、なんとなくやめる理由がなくて、ずるずるこんな年まで、やってきちゃいましたけど、なんでやめられなかったのかなって、思ったんですよ。それでずーっと考えて、思い出したのは、小学校のことだったんすよ……僕は小さな頃から身体が結構大きくて。大きいんですけど、愚鈍というか、のろまなタイプで、その上、気が弱くて、みんなの言うことに『はいはい』って答えるしかない子どもだったんです。野球やってた時なんか、バットにボールが当たらないからみんなにバカにされるし、無視されたり、物も隠されたりして、まあ、典型的ないじめられっ子ですよね……。そんなこと親にも相談できなかったし、知らなかったと思います。けど、野球やめて、近所の柔道場に通うことになって、大外刈りで人を投げた時、はじめて周りが、『おお！』ってなって、それからみんなの態度が少し変わって、いじめられなくなったんですね。僕は今更、いじめた奴らをどうこうしたいとかそんな思いは全然ないんですけど、その時のことがやっぱり忘れられないのかな……」

僕は米澤の告白を聞きながら、理解したようで、腑には落ちなかった。いじめられていたから強くなるために格闘技を始めたというのはわかる。そういう理由でボクシングを始めた人も多いだろうと思う。けれど、もういじめられなくなって、二〇年以上経っているのだ。それでも続けていることに対して説明がつかないではないか。

しかし、米澤は僕の疑問など意に介さず、「まあ、根はそこにあるんでしょうね」と言い切る。

結局は、わからずじまいだった。僕はいつしか、これを突き詰めてもあまり有意義ではないと判断し、心の奥に仕舞い込んでいた。

運動神経がいいほうではない。足が速いわけでもない。視力も悪い上に、腰の病気は悪化の一途を辿っている。そしてボクシングに特異な才能を見いだされたわけでもない。彼にあるのは、誰に何を言われても《諦めない心》だけだった。

なぜ諦めないのか。なぜ自分の限界を認めようとしないのか。

僕にはわからなかった。

・

六ラウンド前のインターバル。まだ試合は続けられようとしていた。

青コーナー、水をぶっかけられたシェリントンの背中は、燃えるように真っ赤に染まり、今にも爆発しそうな熱を孕《はら》んでいる。トレーナーが腰に手を当てながら、何事かを話しかける。シェリントンは努めて明るく振る舞っているものの、その引きつった笑みには演技の気配が漂う。こんな名もなき日本人と六ラウンドも闘わねばならないことが、信じられないのだろう。

開始のベルが打ち鳴らされると同時に、シェリントンは前に出る。またしても米澤のレバーのきしむ音で闘いは再開した。米澤は辛うじてクリンチで逃げるが、離れた瞬間に左フックがこめかみに入る。嫌な音がした。シェリントンは、レバーを打ち、動けなくなった時をKOのタイミングと計っているに違いなかった。米澤は痛みに耐え、脇を締め、ボディを固めながら前に出るしかない。すると今度は、シェリントンはフックのワンツー、左ジャブの連打で顔面を強打してくる。慌てて米澤が顔を守ろうとすると、空いたボディにすかさずブロー。この上下の打ち分けで挑戦者を揺さぶってくる。

一方、米澤の攻撃が変わる。腰を落とし、上体を曲げたレスリングスタイルをとり、シェリントンの猛攻がやんだ瞬間、むしゃぶりつくように頭を突っ込んで、ボディ。ボディ、ボディ。執拗にシェリントンの腹に向かい始める。幾度も同じ攻めが続く。

これは事前の作戦にはないものだった。

試合前、青木ジムのセコンドは、「長期戦はない」と断言し、シェリントンを想定したスパーリングも最長六回までに制限していた。

いつもの、ボディでこつこつとスタミナを削って後半勝負という作戦に関して問えば、「今回それはない。早い回で倒すか倒されるか。どっちかしかない」

と即答していた。

なのに、六ラウンド、米澤はボディに攻撃を絞っている。

たまらず小林が「そこスイング打てないの?」と叫ぶ。あごを狙った一発逆転のKO

パンチを打たねば、勝ち目はないのだ。ところが米澤は戦法を変えない。腰を折り曲げ、シェリントンの隆起する腹筋に向かってパンチを振るい続ける。真っ赤な目は腹しか見ていない。

僕は少し混乱した。

このパンチの意図するものは簡単だ。ボディを打とうとすれば、当たろうが外れようが、相手は腹筋に力を入れる。それを続ければ、力を抜くことができない。息を止めた状態が続く。これがスタミナを奪うのだ。ただ、問題は、この地味な作戦は、途方もなく長い時間続けなければ効力はないということだ。長期戦で、最後の最後にはじめて意味が生まれるパンチなのだ。そして、この六ラウンドでボディを打ち始めたということは、米澤はあと何ラウンド闘うつもりなのだろうか。セコンドを見ると、有吉会長と小林は「いいボディだ！」と言葉では褒めるものの、顔に当惑が見て取れる。

さらに僕はカメラを回しながら不思議なことに気が付いた。

米澤は、時折、シェリントンのあごを狙ってスイングを打った。しかし、とうにスタミナが切れていて、まったく力がない。当たっても倒す可能性など微塵も感じられない悲しいパンチだった。ところが、再びボディにパンチを向けると、音が変わるのだ。しっかり腰が入った重いものになる。

セコンドの二人もそれに気付いたようだ。いつの間にか「腹行け！　腹だ！」と指示が変わっている。

結局、このラウンドも米澤は倒れなかった。

続く七ラウンドになっても、八ラウンドになっても、シェリントンは米澤を仕留めきれない。

米澤は超接近戦を仕掛け続け、シェリントンはジャブやストレートで突進を止める。仮に懐に入られてしまえばクリンチで逃げる。その繰り返しだった。観客にしてみれば、実に退屈な試合だったと思う。シェリントンの派手なKO劇を見たくて金を払ったのに、まるでレスリングのような組み合いが続く。

仮にもシェリントンはミドル級の世界ランカーで、三八戦三二勝。そのうち一九回もKO勝利を遂げているハードパンチャーである。そんな豪腕が何度も何度も殴りつけ、米澤を追い込みながらも、まだ試合は終わらない。日本人は弱るどころか、一ラウンドからまったく変わらない前進を続けている。馬鹿の一つ覚えのようにボディにパンチを振るっている。

痺れを切らした客席からは「オイ！　オイ！　オイ！」とブーイングの合唱が始まる。イライラと口笛が鳴り響く。

どうして米澤をマットに這わせられないのか。僕にもわからなかった。このままではシェリントンの人気凋落は確実。ゴールドコーストのヒーローという名声さえ失いかねない、彼にとってはある意味ピンチだというのに。

またしても三分が過ぎ、八ラウンド終了のベルが聞こえた。ラウンド最後にドスンと鈍い音を立てたのは、米澤の拳が食い込んだシェリントンの赤く腫れ上がったボディだった。

米澤はボクシング人生最長のラウンドを終えながら、軽いジャンプを繰り返している。まだ闘い足りないかのように「はっ!」と強い息を吐く。

他方、リングの対角のコーナーにカメラを向けた時、僕は軽い衝撃を受けた。ズームレンズに映し出されたのは、大粒の汗を滴らせ、肩で息をするシェリントンだった。トレーナーに何かを訴えるその目は、自信溢れる世界一〇位のものではなく、どこか怯えた少年を思わせた。重い焦燥。それに明らかに疲労している。もしかしたら、ひたすらに打ち続けたボディがようやく効果を見せ始めたのか。

僕のヘッドフォンには、小林のワイヤレスマイクの声が聞こえてくる。

「距離近づいたら、もうお前のもんじゃん。クリンチしかしてこねえんだから。自分信じて行けよ。お前のボクシングやればいいんだからさ」

「はい」

「いいか?　下下、ボディ当たる時には上も当たるんだよ」

この威勢のいい言葉が、虚勢でも、励ますだけのかけ声でもない、冷静な戦況判断に思えてきた。

何かが起きるのかもしれない。この極限下で米澤は自分のボクシングを貫こうとしている。人は自分を信じきろうとした時、何かを起こすのかもしれないと思った。

試合前夜、僕はホテルの部屋で、ひとりビールを飲んでいた。会場のカメラの配置など、様々な準備が頭に浮かんでくる。酔っぱらいの思いつきでも、もしかしたら意外な発想があるかもしれないと、取材ノートへ記していく。大概、汚い字で書かれているので、後から読めば自分でも判別が難しい場合もあるのだが、まあ、記すのが習慣になっているのだ。

そのノートをぱらぱらとめくっていた時、ふと短い一文が目に留まった。

《幼なじみがいない》

だいぶ前に自分で書いたはずなのだが、書いた時期も理由も覚えていない。続けて汚いメモがある。

《友達、中学時代、エビハラさん》

中学時代と言えば、米澤がレスリングを始めた頃のことだ。エビハラさんというのは、米澤のレスリングの友達だろうか。

このメモを眺めていたら、米澤の少年時代を調べようとしたことがあるのを思い出した。本人に、野球をやっていた小学生の頃の友達はいないかと聞いてみたのだが、いま連絡をとれる人はいないと答えていて、母の折江に確認してみても、あまり思い当たる子がいないと言われ、中断したままになっていた。

米澤は小学五年の時、野球クラブをやめ、近所の柔道場に通い始めていた。レスリング部に入ったのは中学二年の時だ。

さらにメモがある。

《七〇キロ　一七五センチ　ちばで三人　いきなり県大会　一回戦ソメヤくん　三人中二位　全校朝礼　ひょうしょう　中二の一二月》

この時聞いたことがどんどん思い出されてくる。

当時、米澤が暮らしていた千葉県ではレスリングをやっている中学生は少なく、中でも七〇キロ階級は県内で三人しかいなかった。これはレスリングを始めたばかりでも、一度、勝てば県大会決勝に行けることを意味する。それで米澤は一回戦でソメヤくんという相手に勝ち、決勝戦で負けた。それでも県大会二位ということで、中二の一二月に全校朝礼で表彰された——。

メモを書いた時、米澤が話していたのはこんなことだった。

想像するに、レスリングを知らない他の生徒はどれくらいの参加者がいるのか知らないから、千葉県二位ともなれば「米澤ってすごいんじゃないか」と一目置かれるようになったに違いない。いつもクラスの片隅で、目立たないようにびくびく過ごしていた気弱な少年が、生まれてはじめて他の人から認められ、いじめていた同級生たちの見る目が変わった。

その喜びは天と地がひっくり返るくらい大きなものだっただろう。持ち前の真面目さに火がつき、懸命に練習に励んだ米澤少年はその後、千葉県大会、さらには南関東大会で続けざまに優勝、さらになんと中学三年になって全日本中学生大会で二位という目覚ましい活躍を遂げる。

米澤によると、レスリングの勝敗の決め手の多くは《読み》だと言う。相手がどんな技を仕掛けてくるか《読み》、その力を利用し攻撃を仕掛ける。それがうまくはまった時、ポイントがとれる。なんのスポーツをしてもいまいちな米澤少年だったが、不思議と組み合った相手の動きを予測する技術には長けていた。かなりの逸材だったと言ってもいいかもしれない。

そしてこれはにわかに信じがたいことだが、中学三年の初夏、レスリングを始めてわずか八ヶ月ほどで、米澤は世界大会にまで出場してしまう。一九九一年、カナダのアルマで開かれた世界カデット選手権だ。「カデット」とは当時、一六歳以下のカテゴリーを意味したが、その年齢の中で、日本代表となってしまったのだ。

いじめられれっ子から日本代表選手への転身。まさに格闘技に出会い、人生が一八〇度変わってしまった。今の米澤の明るさは天性などではなく、レスリングをやる中で獲得していった努力の賜物なのかもしれない。

自分が強くなることが、ただ一つ、人生を進めてくれる。

実際、中学卒業後はスポーツ推薦で名門、八千代松陰高校へ入り、高二の時、栃木のインターハイで個人フリースタイル、ベスト八。その成績が評価され、青山学院大学進学が決まる。いつだって進路を決めてきたのは、レスリングだった。

ボクシングを続ける理由を問うた時、「強くなりたいから」と米澤は答えた。言い換えれば、それ以外に生きる方法を知らない。日々筋力を鍛え、極端な食事制限を設け、闘いの技術を覚え、強くなることだけが、彼の生きている証しなのだ。

だから米澤は定職に就かなかった。なんの後ろ盾もなく、誰に認められることもなく、金銭的な保証もない中、闘いを続ける道を選んだ。選ぶしかなかったのだ。

でも、と思う。それは幸せなのだろうか。いつしか人には強くなれなくなる時が来る。人には肉体の衰えという避けられない現実があり、今、まさに彼は年齢制限というものと闘っている。

《強くなりたい》

そんな米澤の人生の結末は、悲しみの他にあるのだろうか。

答えのない問いを続けていると、いつの間にか深夜になっていた。

九ラウンド。スパーリングでさえ経験のない長丁場が始まった。

米澤の体がどこまで動くのか誰も知らない。本人もわからなかったと思う。しかし、このラウンドも日本人の突進で幕が開いた。腰を低く落とし、上体を深くかがめながらずんずんとボディに向かう。シェリントンはこの牛のようなボクサーをジャブやストレートで追い払う。米澤はまったく懲りずに再び前進してくる。同じ展開だ。もう観客たちは完全に飽き、腹を立てている。会場のあちこちから「ホーイ、ホーイ」「ヘイヘイ」といった罵声が聞こえたかと思うと、「ロックンロード？　ロックンロード？（追い込んでたんまり打ち込むんだろ？）」とからかわれている。

全身を真っ赤に上気させたシェリントンも苦しかった。背中には、彼のスポンサー企業のロゴがいくつもプリントされているのだが、その赤い模様が見えづらくなるほどだ。こんなに赤くなったことがないから赤いインクを選んだはずなのに。もし、このつまらない試合が、つまらないまま終われば、スポンサーも降りてしまうかもしれない。彼は彼で崖っぷちなのかもしれない。

そして開始一分。追い込まれたシェリントンが意地を見せ始める。米澤の顔のど真ん中に、強烈な右ストレートを叩き込む。鼻血が吹き出し、がくっと前進が遅くなる。そこへ左フックを一発。米澤は気持ちだけで前に出て行くが、足元はふらついている。続けて左ジャブの四連打。意識が飛びかけたのか、米澤は打ち返す気力もない。ラッシュタイムの予感が走る。観客たちはこれまでの不満を一気にぶちまけるように大声を張り上げ、リングは耳をつんざくような歓声に包まれる。小林が何かを叫んだが、周囲の絶叫にかき消されて米澤に届かない。そして痛烈な右アッパーが米澤のあごを突き上げ、再び力ずくで上半身を真っ直ぐにさせられる。毎度おなじみのラッシュの始まりだ。今度こそ終わり。絶体絶命のその瞬間、米澤の目の前からシェリントンが消える。

スリップ。マットに足をとられ手をついていた。

これは米澤の運としか言いようがない。九ラウンドもの間、二人の体から発散され続けた大量の汗がマットを滑りやすくしていた。ほんの数秒間、訪れた休息の時間が米澤を窮地から救い出す。シェリントンが再び襲いかかってきた時、米澤はなんとか両腕のガードを固めていた。

そこから米澤の猛攻が始まった。けれどそれは米澤の意志というより、有吉会長の一言が、老年ボクサーのわずかに残されたガソリンに火をつけたのだと思う。開始一分二〇秒。ほとんど音も聞こえないような軽いボディを米澤が当てた時、なぜか有吉会長は、喉が壊れるんじゃないかと思えるほどの大声で「効いた！　効いたぞ！　いけ！」とゴーサインを送る。この時、何が会長の目に見えたのだろう。僕にはあのパンチはほんの触った程度にしか思えなかった。

しかし、米澤が襲いかかり、全身の力をこめて放った右のボディはいとも簡単にシェリントンの脇腹に刺さる。続けて放った右のスマッシュは後ろにウィービングされクリーンヒットはしなかったが、確かにあごを捉える。シェリントンはバランスを崩しながら下がる。鬼と化した米澤が追いかける。一五秒前までの脳しんとうはどこへ消えたのか。ロープに押し込んでボディの連打。クリンチに逃げられても、抱えながら連打。「ステップバック！」と審判に引きはがされても、すぐに渾身の右フックをグローブとグローブの隙間に叩き込む。

会場は異様な空気になってきた。ただの生け贄として連れてこられたはずの東洋人の奮闘が、退屈そうにビールを飲んでいたおっさんたちの視線を釘付けにしている。客席のみな子さんが叫ぶ。「しげさーん！　倒せるよ！　いけえ！」この英語だらけの会場で日本語はよく通る。遠い客席からでも、米澤の耳には届いているはずだ。その時、シェリントンはコーナーに追い詰められていた。米澤は助走をつけて、全身をぶち当てるような左ボディを決める。すべてと言ってよかった。三六年一一ヶ月のすべてがあのパンチには込められていたと思う。だが、シェリントンは倒れない。すんでのところで身を立て、滅茶苦茶にパンチを振るい米澤をはねのける。まだ何かを残している。やはりあご。脳髄を揺さぶるあごにあの左ボディのような全身全霊を叩き込まなければ、世界ランカーの強靭な意志は打ち砕けない。

「何がお前の一番強いパンチなんだ？　お前の一番強いパンチ打つんだよ！　打つんだよ！　お前の方が上だよ！　倒せ！」

そう叫ぶ有吉の目はもう完全に振り切れている。その隣では、

「ロープ詰めろ！　ロープ詰めろ！　下がらせろ！　下がったら打ってこねえんだから下がらせろ！　下がらせろ！　下がらせろ！」

ひたすら小林が連呼している。二人の絶叫が同時に発せられ、おそらく米澤には何を言ってるのかわからないだろう。けれど、有吉会長と小林の興奮と祈りが、きっと《叫び》そのものが、突進の後押しとなっている。彼の魂を鼓舞している。

僕は目の前に起きていることが信じられなかった。世界一〇位が大きく口を開け、必

死に酸素を取り込みながら、ちょっと前までB級ボクサーだった男から逃げ回っている。ロープ際に追い詰められたら、身体を丸め、肩でタックルを仕掛け、巧みに距離を作っている。審判の印象を悪くしないで逃げようとしている。そうしてなんとか回復する時間を稼いでいる。あと少し。あと少しなのだが、逃げられてしまう。米澤の突進は最後まで詰め切れずに、九ラウンド終了のベルが鳴った。

「もう一回行きます」

コーナーに戻ってきた米澤は力強く語った。

一方、シェリントンは息も絶え絶えの顔をしている。今この瞬間に、この二人を見たら、どちらが世界ランカーなのかわからないだろう。

しかし、一〇ラウンド。なんのペース配分もせずに、一ラウンドからただただ全力で前に出続けてきた《つけ》がついにやってきた。

開始早々、シェリントンの左ボディがまたしても米澤のレバーを的確に射ると、すぐに米澤もアッパーを返すが、その勢いのままマットに転がってしまう。これはダウンではなくスリップだが、恐らく闘う意志を身体が支えきれなくなっていた。米澤はすぐに立ち上がり、ダメージはないことをアピールするが、足が動かなくなっている。しかし、シェリントンは追い込んでこない。この時、相手はおそらく万が一の一発だけを恐れていた。最後まで逃げきって判定に持ち込めばホームタウンディシジョンで、勝利は確実だ。

続く一一ラウンドも、リングには時間が過ぎることだけを願う世界ランカーと、動かない体に鞭を打ち続けてもどうにもならない老年ボクサーがいるだけだった。米澤は一時も休むことなく、あごへ一発のパンチを当てようともがき続ける。そんな姿をあざ笑うかのように、逃げる体力をしっかり残した試合巧者は、時折放つジャブで威嚇しながら、時間を稼ぐ。米澤はとうに乾ききったぼろぼろの雑巾だった。まだかすかに一粒の水滴が残されていると自分自身に暗示をかけ、力ない腕で自らを絞り続ける悲しい雑巾だった。一旦止まれば、すべてが止まってしまうのか。米澤は重い足を引きずりながら、突進をやめようとはしない。力ない拳に諦めをつけない。

彼は一体何の夢を見ているのだろう。

これはもう記者会見で彼が約束した《グレイトファイト》ではないのか。ここまで死力を尽くして、まだ彼の夢見る《グレイトファイト》には届かないのだろうか。勝利の果てにしか、獲得できないものなのだろうか。

仮にシェリントンに負けたら、どんな夢を見続けるのだろうか。また違う格闘技を始め、《グレイトファイト》を追い求めるのだろうか。

一一ラウンド終了のベルが鳴った。

「どうした？　足、動かないのか？」

コーナーに戻ってきた米澤に小林が声をかける。

「……」

ほんの一瞬の間を置いて、米澤はかすかに首を振った。一応動けることを宣言したものの、その一瞬の間が、意志ではどうにもならない極限状況にあることを伝えてくる。小林は十分に理解している。普通に考えて八ラウンドしか経験のないボクサーが一二ラウンドなど闘えるわけがない。しかも一ラウンドから世界一〇位を相手に全力で前に出続けてきたのだ。米澤はとうに限界を超えた闘いを続けていた。けれど、このトレーナーは、まだ信じている。このボクサーの魂の奥にあるものを諦めてはいなかった。

「いいか？　聞けよ。相手の右をガードしたら、すぐスイング打つんだ。ためらうな」

「はい」

この土壇場で小林の声は静かだった。静かにその一発のタイミングを伝える。

「相手、右来るタイミングわかんだろ？」

「はい」

「あそこに打ちゃあいいの、ね？　ガードでもいいし、頭外してもいいから、しっかり左打ってくれ」

「はい」

シェリントンの右パンチに合わせて左のスイングを決めろ。これは相手の力を利用したカウンターパンチだ。そんな高等技術を、テクニックという言葉が最も似合わない米澤に、生まれてはじめて一二ラウンドも闘い抜いた末に求めるのは酷だった。しかし今の流れで、判定で勝てる可能性はゼロ。パンチ力もなくなったこの絶望的な状況をひっくり返すためには、持てるすべてをかき集め、その一発に賭けるしかない。

「ピーッ」と一二ラウンド一〇秒前を告げるホイッスルが鳴る。

有吉会長が叫ぶ。

「倒すパンチ打つしかないんだから、スイング打て！」

「はい」

「ラストラスト！　一番強いパンチ一番多く打つんだよ！」

「はい！」

コーナーから出て行く瞬間、振り返った米澤の目には、不思議と少年のような明るさがあった。これから遊びにでもいくといった様子で、ふわっと重力から解放されたような軽さがあった。軽さは儚さでもあり、この少年は、もしかしたら世界を変える一発を夢見て、どこか遠くへ行ってしまうのかもと僕は思った。

最終ラウンド。

開始のベルと同時に突っ込んでいった米澤は、シェリントンの左ジャブをかいくぐり、いきなり左スイングを胸元に決める。そのまま、もう一つ、左ボディで追い討ちをかける。どれも気合い十分、またしてもパンチ力をとり戻していた。ロープ際に追い詰めると、ボディの連打。たまらずシェリントンがガードを下げたところに、左スイングが顔面を捉える。だがシェリントンは倒れない。米澤がさらに体を寄せてきたところでたまらずクリンチ。難を逃れる。「ブレイク！　ステップバック！」レフェリーの言葉に引きはがされ、再び米澤が躍りかかる。が、またしてもクリンチ。何度繰り返しただろうか。もう米澤が圧倒的に手数で上回り、完全に相手を凌駕していた。

そして、五九秒。信じられないことが起きる。

シェリントンが強烈な左右のフックで客席を沸かせる。ここに来て、一ラウンドからまったく変わらないパワーを見せつけてきた。しかし、米澤はさらに前へ行く。再び、襲いかかってきた左フック。が、米澤も同時に左スイングを打った。ほんのわずかの差だった。米澤が前に出た分、シェリントンのパンチは首筋に当たり、米澤のパンチは相手のあごを捉える。

「それだ！」小林と有吉会長は絶叫する。完璧なカウンターのタイミングだった。さすがにシェリントンは下がる。決定的な力はなかったものの最も恐れていたかたちだった。米澤が追いすがる。「スイング！　スイング！　もう一回、あのタイミングで打て！」

小林は泣きそうな顔をしている。

そこへ、再び、シェリントンの左フックに合わせて米澤が左スイングを打つ。顔面には当たらなかったが、クロスカウンターとなって喉元に決まる。これで二度目。この土壇場で米澤がカウンターパンチを摑み始めている。さらに、一分三〇秒。「一緒に打て！」有吉の叫びと共に、シェリントンの右フックに合わせて、米澤は全身をバネにし、体を投げ出すように左スイングをあごに突き刺す。三度目にして最も強烈なカウンターパンチだった。倒れてくれ。僕は祈るようにファインダーを覗いていた。

だが、まだシェリントンは立っている。顔をしかめ、白い歯を見せながらグローブを構えている。米澤四度目のカウンターを、ギリギリ耳にかすらせながらかわす。

残り一分。米澤の右スイングがグローブの間をすりぬけ、相手の頬を捉える。これもベストパンチだった。だが、倒れない。もう一度、左スイングが顔面に決まった。だが、シェリントンは顔の出血を気にする程度で、マットに這わせるまでには至らない。

僕は米澤の底力に震えるほどの感動を覚えながらも、パンチを決めれば決めるほど、ある絶望的な事実を知らされていくような気がして、苦しくなってきた。何かが届かない。長い間、世界で闘ってきた者と、ボクシング人生の最後にようやくそこへたどり着いた者の間に、底知れない大きな溝があるような気がしてならなかった。それは、努力や運や根性で乗り越えられるような種類のものではない。《そこで闘うために生まれてきた人間》と《そこで闘いたいと願う人間》の間に横たわる深淵。

残り三〇秒。これは米澤のボクシング人生のタイムリミットに等しい。左スイング一発にすべてを賭け、前へ出て行く。だが、シェリントンは鉄壁だった。打って打って打ちまくる米澤のスイングを見切っている。六度目のカウンターパンチも、後ろにスウェーし力を逃がす。距離を詰められたら巧みな体さばきでクリンチに持ち込み、さらには右手で米澤を押さえながら左で米澤の顔を連打する。ギリギリのところで闘いの技術が冴えていく。

これが怪物居並ぶ世界ミドル級なのだ。六〇年以上続く日本ボクシング史上、たった一人しかチャンピオンになれなかったこの階級の恐ろしさなのだ。

僕は最後の最後でえらく陰鬱な気分になっていた。米澤に、自分自身を投影し、いつの間にか一緒に闘っていたからかもしれない。その努力が実を結ばないことに気付いてしまったのかもしれない。プライドも何もかも捨て、判定だろうがなんだろうが、本気で勝つことに専念した世界一〇位は、想像を絶する能力を秘めていた。

だが、米澤は、残り一〇秒をどう生きたか。どう生ききったか。カウンターパンチを狙おうにも、もう相手は攻めてこない。万策尽きていた。

米澤はただ、ボディに向かい続けた。

なんのために？

もうボディでは倒れないことを一番知っていたのは彼のはずだ。

だが、米澤は迷いなく、右、左、右、左。ボディを振るい続けた。跳ね返されても、再びボディ。一〇秒の間に何回打っただろうか。

彼は怒っているように見えた。ここでボクシング人生が終わりを迎えることに怒っているように見えた。この闘いでさえ、彼が夢見た《グレイトファイト》ではないとでも信じているかのように。

その一〇秒は彼にとって、長かったのだろうか。短かったのだろうか。

ベルが鳴る瞬間まで、打ち続けた。

39

午後一一時半。〇-三の判定で米澤は敗れた。

試合が終わった瞬間、ずいぶん短いなと思った。一二ラウンドなのに短い。その感覚が自分でも理解できなかった。この敗戦が事実上の挑戦の終わりなのに、特別な感慨にふけることはなかった。ただ短いなと思った。もっと見たかったとかそんな意味ではなく、三分間を一二回も闘った気が本当にしなかった。実際、試合直後に僕は撮影素材を確認し、インターバル一分間を含めた時間をチェックした。もし、シェリントンが早く終わらせるために、三分経たずにラウンドを終わらせていたのならば、抗議をしようと本気で思ったからだ。だが、カメラはきっちり四七分回っていた。間違いなく、正真正銘の一二ラウンドをあの二人は闘っていた。おかしくなっていたのは僕の方だとその時理解した。

「よくやったよ。今までで最高の試合だよ。なあ？　あれが世界一〇位だよ。上手いよ……」

控え室で米澤のバンデージを外しながら、小林は呟いた。

遠くからシェリントンの勝利のスピーチが聞こえてくる。やけに感情の昂った声だった。

　有吉会長はじっと悔しさを噛み締めている。

「……もう一声だったなあ。現役続けられれば、一声くらいチャンスあるんだけどなあ……一番最高の試合が、一番最後の試合っていうのは……キツいな……」

　有吉会長は、誰に言うともなくひとり呟いていた。呟きながら、半分泣いていた。

「ナイスファイト！」威勢のよい声とともに父が控え室に入ってきた。母とみな子さんも、傍らにいる。

「よく一二ラウンドもったよ。ここまでよくできるようになったよ……」

　父は、生まれてはじめて息子のボクシングを褒めた。誇らしげに息子を見つめていた。

　有吉会長は父の気持ちに言葉を添えた。

「成長したよね。米澤が世界ランカーとフルラウンド闘えるなんて誰も思ってなかったから。すぐ倒されるとみんな思ってたよ」

　米澤はただ曖昧な笑顔を返していた。

「なんだよ、燃え尽きた顔してねえな」

　そんな小林の言葉にも愛想笑いで答えるだけだった。

　客がはけると、リングはすぐに解体され、ただの大広間に戻っていった。

　僕らも機材をまとめ、帰る準備をしていた時、ふと、会場の片隅に目をやると、もうただの板と鉄の棒に成り果てたリングをじっと見つめる米澤がいた。その冷えきった眼差しは、一人の人間がすべてを出し切り、その実力以上の奇跡を成し遂げたとしても、この物語がハッピーエンドではないことを、いや終わりでさえないことを静かに訴えていた。僕は動揺した。もうしょうがないじゃないか、すべて出し尽くしたんだからいいじゃないかと言ってあげたかった。けれど米澤の眼差しに、そんな泣き言は届きそうにない。

会場を出ると、もう日付の変わってしまったゴールドコーストは、すっかり肌寒くなっていた。みなで冷たい風に吹かれながら、打ち上げができる店を探したが、一二時を過ぎると酒が飲めないとか、食事が出せないとか様々な理由で断られ、結局ホテルの有吉会長の部屋で飲むことになった。

ぬるくなったピザとワインで乾杯。誰ひとり話さず、黙ってアルコールと炭水化物を腹に流し込んでいた。やり切れない思いだけが、皆の心を占めている。

この物語をどう終えてよいのか僕もわからなかった。わからないまま打ち上げにもカメラを持ち込んでみたが、もう何も撮るものがないことに気付いた。

そして外へ出た。

午前二時。

人気のない繁華街を歩きながら、この八ヶ月の日々がぐるぐると頭の中で渦巻く。圧倒的な力で叩きのめされたのであれば、こんな思いはしなかっただろう。すっきりと終わりを迎えられたのかもしれない。けれど、今日の試合を見てしまった今、底知れない魂に魅せられてしまった今、僕は混乱していた。

そんなディレクターの様子を気にしたのか、ＡＤの山口がなんか食べましょうかと声をかけてくる。僕は言われるままに二四時間営業のハンバーガーショップに入り、一番大きなハンバーガーをヤケクソで頼み、味のない肉とジャンクな臭いだけが鼻につくパンを口に入れた。

# エピローグ

僕がゴールドコーストの試合後に予感したことは間違ってはいなかった。帰国直後から、年齢制限の三七歳誕生日まで二七日しかない中、有吉会長は「何があるかわからないから練習は続けてくれ」と米澤に伝えた。そして再びマッチメイクに東奔西走し、米澤の誕生日である一〇月一八日ならば試合ができる世界ランキング一一位を見つけ出した。試合場所は、海外。僕はその執念に驚嘆し、同時にプロボクシングというスポーツが持つ魔力を改めて知らされたような気がして、背筋が寒くなった。が、誕生日当日では認められないと、日本ボクシングコミッションに言い渡された。有吉会長は、時差の関係でどうにかならないかと懇願したが、却下。断念せざるを得なかった。それでも、もう一度米澤の試合が見たいという会長の思いは止められず、誕生日の前日に、タイ・バンコクで試合を組むことになる。そして彼は三七歳という引退の時を格闘技の聖地、ラジャダムナン・スタジアムで迎えた。

試合は二二時三〇分、誕生日を迎える一時間半前に、ゴングが鳴った。相手は無名のB級ボクサーで、もう米澤の実力では勝負にならない。開始三〇秒、右フック一発でマットに沈め、KO勝利を飾ることになる。その瞬間、何かから解き放たれたかのように米澤の顔が晴れやかになった。あれは勝利の喜びではない。憑き物が落ちた人の顔だった。

一一月一四日には、生涯成績八勝八敗二分けという平凡な戦績のボクサーとしては異例の引退式が後楽園ホールで行われ、僕は思いもよらない言葉を聞いた。

リングの上で有吉会長と小林に付き添われ、一通りの引退セレモニーが終わった時だった。マイクをもった米澤が突然、話し始めた。

「いつも僕のそばで支えてくれた彼女のみな子さん、本当に今までありがとうございました。彼女の支えがなければ、僕はここまでプロとしてやれなかったと思っています」

この言葉を聞いた時、みな子さんはこみ上げる感情が我慢できなかった。これまでどんなに米澤が打たれても、身も心もボロボロになっても一切見せなかった涙が止まらなかった。最後に米澤が思いを伝える。

「今後は僕があなたを支えていきます。みな子、結婚しましょう」

こうして米澤のボクシング人生は終わった。

二〇一三年一二月。もう終電の時間も近づいていた。沼袋の中華料理屋には、僕と米澤以外に客は誰もいなかった。米澤はこの日、バンバンジーを頼んだ。

「引退しても鶏肉なんだ」と僕が笑うと、「もう癖みたいなもんすかね」と恥ずかしそうに頭をかく。しかし、引退後に一気に体重が増え、すっかり容貌を変えた米澤にボクシングの残り香を感じられるのはそのくらいだった。

「二月六日、彼女の誕生日に籍を入れるつもりです。正月には彼女の実家にも挨拶しにいきます」

米澤は幸せそうに報告する。今では、人が足りない時に青木ジムでトレーナーの手伝いをしてはいるものの、自分自身は格闘技をきっぱりやめて、就職も考えているという。

店員たちの白い目を背中に感じながら、僕たちは長いこと話をした。取材をしていた九ヶ月、彼はあらゆる無理をし、虚勢を張り、無謀な闘いを続けたのだ。今だから話せることは山ほどあった。米澤も酔い、僕もひどく酔っぱらった。米澤と一緒に酒を飲むこと自体が不思議であり、こそばゆくもあり、悲しくもあった。

あれほどまでにこだわった現役延長の夢は、彼にとってはなんだったのだろうか。

「なんだったんでしょうね？　僕ももうどうしてあんなことやってたのか、よくわからないんですよ」

「ボクシングは楽しかった？」

そう僕が聞いた時、米澤は黙った。長い時間考え、遠い目をして言った。

「……楽しかったと思う。楽しかったからやってたんだと思う」

「僕には楽しそうには見えなかった」

「そんなことはないっすよ。楽しい時があった」

「いつ？」

「シェリントンと闘ってた時かな……。七ラウンドか、八ラウンドくらいからボクシングが楽しかった。あの時は楽しかった。はじめてかもしれないっすね」

「どうして？　あんなにキツいのに？」

「そうなんすよね。どうしてなんでしょうね。キツいのはキツかったんすけど、なんか今までやってきたこと全部試せて。通じなかったんすけど、全部やれたんですよね。だからかな……負けたけど、なんにも悔いないし。あれは楽しかったって言えると思う」

「やり切れたってこと？」

「それは間違いないですね。僕にあれ以上はできない」

そう言いながら笑った。

「もう、本当に格闘技をやるつもりはないの？」

「……ないっすね。いや、また一〇年くらいしたら、何かやってるかも。タイでキックボクシングとかやってたりして」

「そしたら、みな子さん、頭抱えるだろうね」

「いや喜ぶんじゃないですか。あの人のことだから」

「じゃあ僕も応援行きますよ」

「ぜひ！」

話は尽きなかった。閉店時間はとっくに過ぎ、僕たちは店員に追い立てられるように外へ出た。アパートで続きをやりましょうと米澤が声をかけてくる。

この男はどんなに飲んでも飲み足りないようだ。アルコールが回れば愚痴の一つでも聞かされるのかと思いきや、酔えば酔うほど、米澤の表情は悔しさとは遠いところへと向かう。

この夜は何かの終わりを悲しむものではなかった。遅過ぎる青春の終わりを、そして新しい人生の始まりを言祝《ことほ》ぐような明るさに満ちていた。

朝までやるかと、僕はうなずいた。

入籍した二人の幸せそうな笑顔（撮影＝小田振一郎）

# あとがき座談会

この座談会が行われたのは、二〇一九年九月二七日。米澤の挑戦の終わりから六年、本書の出版が決まり、「あとがきに今の米澤さんと山本さんの対談を載せるのはどうか」と、担当編集者からの提案があったからだ。

参加者は米澤、妻のみな子さん、著者の私と担当編集者で、本書にも登場する沼袋の米澤行きつけの焼き鳥屋「鳥はし」に集まって酒席を兼ねて行われた。

当時、米澤の周囲にも大きな変化が起きていた。米澤はプロボクサーを引退した二〇一三年以降、格闘技からはすっかり足を洗い、システムエンジニアとして働いていたが、有吉会長からの熱心な誘いで二〇一九年の夏から本格的に青木ジムでトレーナーとしても活動を始めていた。

だが、この座談会の二日前に有吉会長が青木ジムの年内休会を発表。理由は、ジム内で起きたトレーナーからのパワハラ被害の告発がSNS上であり、それに対する責任というものだった。その後、トレーナーと被害者は和解し、告発前と同じようにジムの練習生として普通に通っていたのだが、有吉会長はパワハラが自分のジム内で起きたことを重く見て、休会に踏み切ったのだという。そこまでしなくてもいいのではないかと傍から見て思うのだが、その思いを有吉会長に聞くことは叶わなかった。

しかし、青木ジムがなくなる。その喪失感は米澤はもちろんのこと、僕にとっても大きかった。この日の酒席も、やはりその話題から始まった。

＊　＊　＊

米澤：スマホを見ていたら「青木ジム解散」って出てて、会長と木村の翔ちゃん（木村翔元WBO世界フライ級チャンピオン）が笑顔で写ってる写真があって。あの笑顔を見たら、本当に駅のホームで泣いちゃいました。悲しくて。ああー、何やってんだよ！って思って。
山本：有吉会長からはどんな話があったんですか？
米澤：僕に頭下げて「ごめんな、申し訳ない。俺はジムに残れないかもしれないけど、一緒にやれないかもしれないけど、もし再開するなら頼むな」って。詳しいことは話さなかったんですけど、会長の悲しみみたいなのがすごく伝わってきて、僕もそれ以上聞けなかったです。僕の中では、なんで会長一人がこんなことを背負わなきゃいけないんだって思いました。本人が悪いことしたんならそれはしょうがないけど、そこまでじゃないだろうって思う。あんなに頭下げて、すんごいそれが悲しくて……。

山本：いろいろあったけど、青木ジムのことが好きだったんですね。
米澤：僕、会長を尊敬してるんですよ、とても。よく嫁に話してるんですけど、小五で柔道始めてずっと格闘技一筋でやってきて、試合に勝った時に、自分を卑下して勝ちましたって言うことはいいことだと思ってたんですよ。例えば、勝ちました、でもやりたいことはできなかったですみたいなこと。何かこう、実力半分くらいで勝ったことが、いいことだっていうふうにずっと思ってたんですよ。
山本：謙遜？
米澤：そう、自分をあえて落とすという。
山本：それがかっこいい格闘家の姿だと？
米澤：そうだと思ってずっとそれで育ってきた。ところが、まだ総合格闘技時代の試合後に有吉会長に「どうだった？　昨日の試合は？」って聞かれて、「ちょっとやりたいことできなかったけど勝ちました」って答えたら半笑いで、「お前、相手に失礼なこと言うなよ」って言われたんですよ。それがぐさっと胸に刺さって。はあ、確かにそうだ。二〇年近く格闘技やっていて、僕は何してたんだろうって思って。
山本：相手は全力でやってるわけですからね。
米澤：そう。それから、もう全然見方が変わって、僕は有吉会長のことをすごく尊敬するようになった。
山本：でも、米澤さんは勝った時にも、すごいだろう！　やったぜ！　みたいに自分を誇示することはないですよね？
米澤：ないっすね。
山本：それはなぜですか？　相手の負けた悔しさを考えるから？
米澤：そういうわけではなく……勝ち負けは水物じゃないですか。
山本：その割には負けた時、すごく悔しがっていますよ。
米澤：そりゃ負ければ、悔しいですよ。でも、勝った時はたまたまだと思ってます。試合は勝ち負けじゃない、やってきたこと全部出せればいいだけだとずっと思ってました。
編集：出せれば負けてもいいんですか？
米澤：だって、全部出せれば、出して負けたんなら、やってきたことが間違っていたわけだから、修正して、また頑張りましょうなんですよ。やってきたことを出せずに勝っても意味がないんですよ。たまたまだから、本当に。例えば、試合までずーっとワンツーの練習をしてきたのに、なんとなくフック打って勝っちゃったら、僕にとってその試合に費やした二ヶ月は意味がなかったになっちゃうんですよ。
山本：練習の成果を出したい。本当に純然たるスポーツマンみたいな感じなんですね。
米澤：僕は小さい時から格闘技やってきて、勝つってなんだろうってずっと考えてきて。なんで勝てないんだろうって、高校、大学生の時に悩んでいたこともあった。試合も怖かったんです。結局、勝負は時の運とまでは言わないですけど、本当にいろんな要素があるんですよ。だから、勝ちだけを求めるのは苦しい。要は自分は心が弱いんですよ。

勝ちだけを求めると怖くなっちゃうから。勝利だけを求めて、負けたらどうしようって怖くなるから、本当に、悔しいけど、そこから逃げるために。

山本：そういう理屈にたどり着いた？

米澤：そうなんですよ。言い訳のために、やってきたことを全部出そうってなったんですよ。だけど、それが結局、シェリントンとやった時に、自分の思考がダメなんだと思った。結局このレベルで止まっちゃうんだなあって実感しました。

山本：でも、それはある意味、自分の人生を否定しているわけですよね。

米澤：否定。そうですね。否定とは言えないですけど、本当純粋に超えられないレベルじゃないと思ったんですよ。あんなスコアになってしまいましたけど。でも、いまの自分の人生の延長線上じゃ、これは勝てないなって思ったんですよ。会長やトレーナーと一緒にコツコツやっててもこれは超えられない。もし、僕が三〇の時だったらジムをやめて、アメリカに行ったと思います。向こうでヘビー級、ミドル級の選手に揉まれてやっていけば、超えられないレベルじゃないかもしれないと思ったんです。でも、僕にはその選択をする権利がないから、終わりだなってあの時感じました。

山本：こういうボクシング人生だったんだって思った？

米澤：そう。何がなんでも勝つっていう気持ちじゃなくて、やってきたことを出すっていうのでやれたのは、そのレベルの手前までだったんだと思うんです。

山本：そこが壁だったんですか？

米澤：壁だったと思います。
編集：シェリントンからそういう勝負への執念みたいなのを感じたんですか。
米澤：感じましたね。雰囲気もあったし。
山本：確かに絶対勝つっていう雰囲気がありましたね。それにしても、米澤さんからこんな話を聞くのははじめてです。
米澤：本当ですか？　なんか言ったことあるような気がしますけど。
山本：いや、当時、聞いていたら書いてると思う。僕は米澤さんが引退してからこの六年間の中で考えてきたことなのかなと思います。この間、米澤さんがうち（著者自宅）に来た時、ウイスキーを一本飲んだ後に、「自分の人生はもう余生だ」って言ってたんですけど、覚えてますか？　僕にとってはかなり強烈な言葉で忘れられないです。
米澤：覚えてます。本当に今も思ってますもん。今、四二歳でいつまで生きられるかわからないですけど、今後の人生であれ以上のイベントは僕にはないって自覚してます。だから、よくスポーツ選手でオリンピックとかの大会が終わった後に崩れていく人が多いじゃないですか。その気持ちがよくわかるんです。
山本：今ギリギリなんですか？
米澤：ギリギリなところはありますね。
山本：酔っ払って言っていたのは、他人に「次の人生どうするの？」とか聞かれるのが一番腹立つって。

米澤：立ちますよ。だって、六〇で定年になったお父さんたちがやることないっていうじゃないですか。今、そんな感じです。

山本：そうなのか……。

米澤：だって、あんな情熱を注げるものなんてないですよ。当時は自分が昨日より強くなるっていう目標で毎日毎日やってました。でもそれが終わって、今はみな子が一緒にいてくれる。のろけじゃないけど、嫁と一緒に毎日普通に過ごして、年に一回や二回くらい旅行に行って、新しいものに出会うとか。だから本当にもう余生を送るおじいちゃんなんですよ。

山本：でも何が米澤さんは違うかってね、定年後のおじいちゃんは退職金もらってるんですよ。だけど米澤さんは退職金どころか、お金がないじゃないですか。

米澤：まあ、ないですけど、お金がすべてじゃないと思っているんで。今まで僕は強くなることだけがやりたいことだったんだけど、結婚してから二人でやりたいことに変わった。年に一回、海外旅行に行きたいよね。なんかおいしいもの食べたいよね。月に二回は、鳥はしさんに行きたいよねとか、最低限やりたいことをやるために稼げればいいよねっていうふうになったんで、ほんと余生を送るおじいちゃんです（※著者注・現在も六年前と同じ契約社員の立場のままで働いている）。

山本：まあ、それくらいの何かがあったということですね。普通の人が六〇歳までかけて燃やしたようなものが。

米澤：だから、結果的にシェリントンには負けたけど、それくらいのことをしたんじゃないかって僕は思ってます。人に何を言われようと、あれと同じ情熱、あれと同じ日々を送るというのは無理です。朝六時に起きて走って仕事に行って、夜も練習やって怒られて、ドトールで寝て、また練習行って怒られて。今思えば滅茶苦茶ですよ。

山本：そうですか……でも燃え尽きたからって自暴自棄にならないでください。とりあえず生きていてください。

米澤：死なないっすよ。嫁がいるから。

山本：嫁がいるから大丈夫なんですか？

みな子：心配ですか？

山本：ちょっと心配です。米澤さんのその後の生き方を見てると……。

米澤：まあまあ。

編集：みな子さんのことでちょっと聞きたいんですけど、当時みな子さんが住んでいたアパートって女性専用だったんですよね？ あれ、大家さんにバレなかったんですか？

みな子：一階は男性だけで二階が女性専用なんです。

米澤：でも階段上ってるところを見られたらバレますよ。

編集：大家さんは近くに？

みな子：大家さんは同じ敷地の、本当にすぐ横の家に住んでました。そう言えば、一番最初のアパートの時に言われたんですが、米澤さんがバイク置いていたら不動産屋から電話がかかってきて、「誰かと一緒に住んでますか?」って。そこは本当に女性専用だったんですよ。なので、「いや、そんなことはないです。親戚が泊まりに来てます。本当すみません」て感じで話しました(笑)。

山本:かなり厳しい言い訳ですね。

みな子:この人、バイクを勝手に停めるんです、駐輪場に。住んでないのに。

米澤:それ以来、ちょっと遠くに停めるようにしましたよ。

みな子:それで、あの撮影の時のアパートは、よく家に来てくれた設備屋さんから「俺、昔ここに住んでて、奥さんと同棲してた」っていう話を聞いて、大家さんは見てないなと思いました。結局バレませんでした。

山本:でも、あの部屋、六畳一間でしたよね。あれで、どういう生活してたんですか?真ん中にでっかいベッドがあって、それ以外の生活スペースがほとんどなかったですよね?

米澤:その通りです。部屋はベッドだけです。

編集:で、米澤さんの洗濯物ばっかりみたいな。

米澤:そうです。僕の荷物ばっかりで。

山本:何かすごく他人事みたいに言いますけど、米澤さん、この本のゲラを読んだ時にも「こいつひでえやつだなあ」って自分で言ってましたよ。

一同爆笑

山本：少しは家賃払えよって言ってましたよね。僕は「自分で突っ込むなよ」って思いましたけど……。
編集：自分のことなのに。
米澤：まあ、基本クズですからね。本当。
編集：基本クズ……（笑）。
みな子：間借りくらいにしか思ってなかったでしょ？
米澤：ハハハ。
山本：間借りのレベル超えてますよね？
みな子：なんか郵便が届くようになったのには、ちょっとびっくりした。
一同爆笑
みな子：本当に「〇〇方　米澤重隆」って書いてあって、「あれ？」って思って。やばいやばい。同棲っていうよりもこれやばくないって。
米澤：アマゾンの荷物が大量に来た時は大変だったね。
みな子：置く場所なくて（※著者注・突然、水やダイエットコーラなどが二〇ケースほど届いて生活に支障をきたしたらしい）。
編集：「大変だったね」じゃないですよね？
米澤：ハハハ。
山本：犯人は米澤さんでしょう！　なんなんでしょうね、米澤さんの不思議な価値観。

この本のゲラを読んでた時も「へえ……こんなことしてたんだ……」みたいなことを言ってましたけど、突き放してますよね、自分自身を。

米澤：テレビを見ても、自分だと思わなかったたっすもん。

山本：思わなかったって、ボクシングの試合が映ってるじゃないですか。やってたんですよ。

米澤：やってたんですけど、テレビ画面越しだし、やっぱり他人事っていうのはありますね。

山本：謎ですよね、米澤さんの他人事感。

編集：謎ですよ。しかもドキュメンタリーですからね。アイドルとかには、仕事の時は違う自分を演じているっていう人はいます。でも、ボクシングは完全なる現実の殴り合いじゃないですか。米澤さんには何も飾ってるところがないし、ありのままなのに、まったく当事者意識がない。

山本：不思議ですよね。今日、気付きました。そうだ、この人が変なのは、他人事感なんだって。

編集：山本さんも「この人、変だなあ、変だなあ」って原稿書きながら思っていたのでは？

山本：変だなあって思ってました。よくわかんないんですよ。でも、わかんない人に、会長もトレーナーも引きずられてるし……。

編集：奥さんもですよ。
山本：僕もそうなんですけど。
編集：私もそうですよ。
山本：みんな引きずられているし。なんなんでしょうね。そもそも根本的なことを聞きますけど、殴りたくないのに殴っているというのは、ある種、違う自分になっているんですか？
米澤：そうでもないですね。
編集：でも、強くなりたいんですよね？
米澤：結局、僕は、強くなりたいだけなんですよ。自分をどんどん高めたい。それが目的なので、別に殴りたいわけでもないし、たまたま選んだ競技がボクシングなだけ。ボクシングを通して自分を高めたいっていうのがあっただけで。
山本：自分が選ばなければいいんじゃないですか。たまたま出会っちゃったみたいなこと言いますけど……。
米澤：格闘技をやってきて、レスリングではもうオリンピックなんて目指せない。総合格闘技もパッとしなかった。まあ、とりあえず総合格闘技で強くなるためにボクシング習おうと思って、結局はボクシングに転向して、とにかくどこまで自分が行けるのかって思ったんです。選んだからには全力でやる。でも、殴らないで勝てればいいけどなっていうのはありますよね。

編集：何を言っているのでしょうか（笑）。

山本：自分を他人のように見るって、ある種の才能なんですかね。

米澤：どうなんですかね。そんなに自分のことを他人事には思ってないですけど。

山本：全然理解できません……。もうやめましょう、この話。ところで青木ジムってどんなジムなんですか？　当時は有吉会長のああいう試合の組み方もあるのかなって思ってたんですけど、いまは、どうも違うような気もして。

米澤：かなり変わっていると思います。例えば、普通は日本ランクに入ってから東洋太平洋ランクに挑戦させるっていう暗黙のルールというか流れがあるんです。うちに大久保さんっていう選手がいたんですけど、その人は、日本ランクに入らないで東洋太平洋ランクに入って、そのまま東洋太平洋のフライ級チャンピオンになりましたから。それは日本人でははじめてらしいっす。

山本：米澤さんも日本ランク入らないで、東洋太平洋ランク入りましたもんね。

米澤：そうです。僕の場合も変わってると思います。

山本：ＷＢＯ世界フライ級のチャンピオンになった木村翔選手は？

米澤：木村の翔ちゃんも、普通のルートじゃないですね。どうやってコネクション作ったのか知らないんですけど、会長が香港のボクシング業界とのパイプを開拓して、ゾウ・シミン選手と試合組んじゃった。ゾウ・シミンって中国で一番有名な世界チャンピオンですよ。世界戦決まった時、めちゃくちゃ驚きましたもん。会長すげえって思っていたら、しかも勝っちゃった。あれもかなり異例だと思います。

**山本**：会長が僕に言ってたのは、米澤さんの経験があったから、木村選手のマッチメイクも頑張れたんだそうです。「米澤がミドルの世界一〇位に挑戦できるんだから、木村も世界戦できるだろう」って。やっぱり有吉会長は、いろいろなしがらみとか、業界暗黙のルールみたいなものから、はみ出しているんですね。

**米澤**：はみ出していると思います。

**山本**：所属する選手も変わった人が多かったですね。僕が番組を撮影していた当時、プロボクサーでボクシングシューズが買えない人がいるんだって、驚きました。その選手がはじめて自分のボクシングシューズを手にして喜んでる姿を見て、なんだか感動した記憶があります。二〇一三年の日本で……なんか不思議な気分になりました。

**米澤**：昔うちに、「のっぽ長島《ながしま》」っていう先輩の選手がいたんですけど、僕（身長一八〇センチ）より背が高いのに五〇キロちょっとのフライ級。本当に体が薄いんですよ。でも、リーチが長いから普通にアウトボクシングすれば勝てるのに、足を使って逃げてボクシングをするのが応援に来てくれた人に申し訳ないって言って、至近距離で打ち合っちゃって負けるんです。「え、なんで？」っていう感じです。

**編集**：正々堂々というか、いい人なんですね。

**米澤**：そうです。いい人なんです。普通にこうやって、ワンツーすれば相手のパンチは届かないっすよ。なのに打ち合っちゃって。見てて「ばかばかばか！　ああー……」って。結局、パコーンってパンチ喰らって負けて、みんな落ち込む。
編集：変な人ばっかりですね、青木ジム。
山本：まあ三六歳のB級ボクサーが三七歳までにチャンピオンを目指すっていうのもかなり特殊だと思うんですが、そんなこと、なかなか他のジムではやらせないですよね。
米澤：多分ないですね。うちのジムに東大ボクシング部出身の坂本《さかもと》さんというプロボクサーがいたんですよ。いま、弁護士やってるんですけど、最初は他のジムだったんです。だけどそこで試合になかなか出られなくて。
山本：勝てなかったから？
米澤：そう。勝てなかったから、見切りつけられて。そもそも僕だって、デビュー戦で負けて、他のジムのえらい人がうちの会長に「三三歳でデビューできたし、もういいんじゃない？」って言ったらしいです。それくらい厳しい世界ですね。
山本：早めに引退勧告してあげた方がいいってアドバイスをしたわけですね。
米澤：そうです。で、坂本選手も前のジムで、あんまり強くなくて、あんまり試合も組んでもらえなくて。そんな時に、こんなジムも日本にあるんだって思って、うちに移籍してきました。最後は八回戦まで行ってボクサー定年まで頑張って引退しました。
山本：弁護士として働きながら？
米澤：そうです。東大出身でめちゃくちゃ頭よいのに、僕は、なんでこの人ボクシングやってんのかなって、思ってました。

編集：なんでボクシングやってるんだって米澤さんには言われたくないんじゃ……（笑）。

米澤：そうか、僕もですよね（笑）。

山本：でも、そういう青木ジムがなくなるって、寂しいですね。

米澤：寂しいです。今回、青木ジムはなくなっちゃうから、余計にこういうジムがあったってことを世に伝えたいっていう思いが強くなりました。だから、本として形に残ることがうれしいんです。僕のこと云々じゃなくて、有吉会長がいて、小林トレーナーがいて、青木ジムがあって、いろんな選手がいて。みんなボクシングが好きで高田馬場に集まって、もう時代遅れかもしれないけど、ああいうジムがあったってことが、多くの人の心に残ってほしいんです。

二〇一九年九月二七日

焼き鳥屋「鳥はし」にて

＊　＊　＊

この座談会を終えて、僕の印象に残ったのは、米澤の《余生》という言葉だった。本文の最後に書いた《新しい人生》は、僕にとってもう少し前向きな意味だったからだ。

挑戦を終えた米澤が自分なりに新しい目標を掲げ、ボクシングと同じような情熱を傾ける第二の人生というものだった。

だが、あれから六年、米澤が次の人生を見つけることはなかった。この現実をどう受け止めればいいのだろうか。しばらく僕は言葉を失った。フィクションであれば終えられた物語が、ドキュメンタリーゆえに終わらなかった。このあとがき座談会をどう構成していいのかわからなくなってしまった。

しかし、と今は思う。

三七歳にして余生を生きるしかなくなってしまった米澤の人生を、誰が批判できるだろうか？　笑うことができるだろうか？　シェリントンとの一二ラウンドの中に、一人の男の人生のすべてがあったとして、それの何が悪いのだろうか？

「永遠は一瞬の中にある」というロマン・ロランの言葉がある。それはこれまで僕にとってあまり実感をともなった響きを持ってこなかったのだが、事実、「僕の人生はもう余生です」と語る米澤は不思議と朗らかで、明るかった。そこには何かの後悔や苦しさは微塵もなく、胸を張って「余生です」と語っていた。

あの《グレイトファイト》は、今の米澤の人生を支えている。いや、生涯を支える光を放ち続けるのだろうと思った。

それはやっぱり《新しい人生》ではないか。

六年前に僕が思い描いていた未来予想図とは違う種類のものであるが、米澤は確かに歩き、この後の人生も歩き続けるのだろうと思った。

最後に、本書の出版に尽力していただいた双葉社の森田共平氏、森広太氏、杉山敦夫氏、また出版を快諾してくださった青木ジム関係者、ＮＨＫ番組制作関係者、テレビ制作会社スローハンドの関係者の方々に深く感謝いたします。

山本草介

# 文庫化によせて

拙著が文庫化されることになり、とてもうれしかった。もう一〇年以上前にもなる、名もなきB級ボクサーの記録を、もっと読んでもらいたいと編集担当の方に言って頂いたことがうれしかった。

そうして改めて、今回この物語を読み返したのだけれど、考えさせられたのは〝言葉の力〟ということだった。

そもそも米澤重隆というボクサーを追いかけた九ヶ月の日々はドキュメンタリー番組としてテレビで放送され、それで〝終わる〟はずだった。ところが、放送後、プロデューサーに「書いてみない？」と打診され、書き始めた。僕はおそらくあの一言がなければ、書かなかったと思う。なぜなら「番組で描けなかったことが多数あった」というのは、よくあることだ。とはいえ、そういう現実を僕は忸怩たる思いで耐えていたというわけでもなく、「そういうもんだ」とさっさと心に納め、受け入れていたのは事実だからである。

ところが、この記録を書き始め、映像から言葉の世界に入っていったとき、何かに火がついた。米澤重隆という一人のボクサーの人生を伝えようと言葉を重ねていくと、それまで考えもしなかったことが次々と溢れてくる。米澤をはじめ、有吉会長、小林トレーナーがやってきたことを改めて考え直し、言葉というものに置き換えていったとき、それまで僕にはなかった〝熱〟が生まれていったのだ。これは今もって不思議で、言葉が登場人物の何かをこちらに伝播させて書く者を鼓舞するのか、言葉が思考を引きずり出すのかわからないけれど、客観的に見ていた被写体がぐっと僕の中に入ってきて、自分でもコントロールできないほどの〝熱〟になったのは、確かなことだった。

こんな感覚は、映像表現では経験がなかった。カメラで記録することと、文字で記録することは、記録という意味では同じだけれど、実は全く違う行為ではないかとさえ思った。映像はカメラを回せば、何かが映る。一方、文章は言葉を心から引きずり出し、一つ一つ置いていかないと、その情景さえ写し取ることはできない。「何が起こったか」さえ伝えることはできない。こんな、非常に当たり前のことなのだけれど、〝言葉しか使えない〟という枠の中で、苦心惨憺《くしんさんたん》していくと、これまで出会ったこともない、新しい世界が生まれていくことに書きながら僕は気づいていった。そして、それははっきり歓びだった。だから、プロローグに書いたように、できあがったものが誰にも読まれなくても、貯金がゼロになっても、うれしかったのだ（嫁さんの苦労はあるけれど）。

僕のその歓びは何だったんだろう。言葉にしてはじめてわかることがあるとはよく言われることだけれど、やってみてわかったのは、言葉を探すことは、心を探し、掘り起こすことに似ている。引いては、それまで考えていた〝自分〟というものの枠を疑い、壊すことでもあって、その行為自体が何だかうれしかったのだ。机に向かうまでは魅力的でなかったものが、面白く見えてくることもあったりして、それはやっぱり歓びだった。全く新しい自分を発見するに等しいことだった。

言葉というものは、それほどの力がある（悪いこともあるのは確かだけれど）。人類が、いつから物語を書き残しはじめたのかわからないけれど、僕は言葉を使い始めて四〇年近くが過ぎて、この物語を書くことによって、ようやくその魅力に気がついたのだった。

二〇二三年一〇月　山本草介

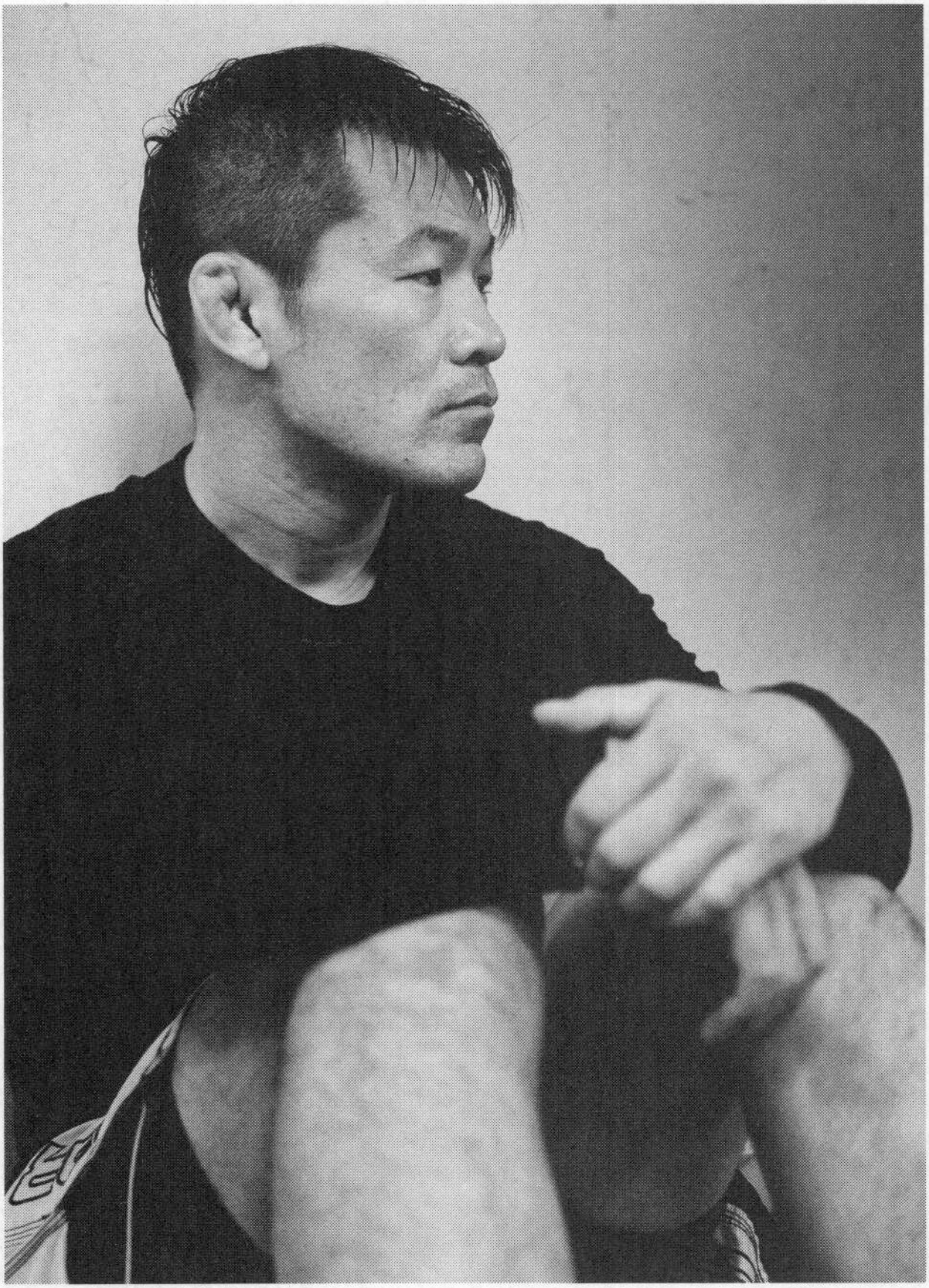

撮影＝小田振一郎

・本書は二〇二〇年七月に小社より刊行されました。

由松が、素早く古い観音像を引き取った。

「覚えていないのかい。亀戸の市次郎の旦那を……」

「亀戸の市次郎さん……」

「ああ……」

「覚えていますよ。亀戸の市次郎さん、唐金の観音像をがらくただと目利きをしたら、怒り出して倒れましてね。それで店の者に任せて、私は帰ったんですよ」

楽翁は、困惑を浮かべて見せた。

「市次郎旦那の唐金の観音像を持ってな」

宗平は決め付けた。

「さあて、そいつは言い掛かりですよ」

楽翁は苦笑した。

「ならば、大黒堂を家捜しするか……」

久蔵が、和馬と幸吉を従えて座敷に入って来た。

楽翁は、微かな緊張を滲ませた。

「贋作だと目利きして騙し、安く買い取るとは、汚い手口だな」

久蔵は冷笑した。

「な、何ですか、お前さん方は……」

楽翁は狼狽えた。

「南町奉行所の秋山久蔵だよ」

久蔵は笑い掛けた。

「あ、秋山さま……」

楽翁は怯んだ。

「目利きの楽翁、目利きを使った汚い騙りの手口、確《しか》と見せて貰ったよ」

久蔵は、嘲りを浮かべた。

楽翁は、慌てて庭先に逃げようとした。

勇次と新八が、庭先に現れた。

逃げ道はない……。

楽翁は、腰が抜けたようにその場にへたり込んだ。

「勇次、新八、お縄にしな」

和馬が命じた。

勇次と新八は、目利きの楽翁に捕り縄を打って引き立てた。

「秋山さま、忝《かたじけの》うございました……」

念仏の宗平は、久蔵に深々と頭を下げた。

「御苦労だったな、宗平。南町奉行所で詳しい話を聞かせて貰うぜ」

久蔵は笑った。


薬種問屋『大黒堂』隠居の楽翁は、本物を贋物だと目利きして安く買い叩き、他の好事家に高値で売っていたのを白状した。

久蔵は、楽翁を遠島の刑に処し、薬種問屋『大黒堂』を闕所《けっしょ》にした。そして、盗賊念仏の宗平を江戸十里四方所払に処した。

市次郎の唐金の小さな観音像は、楽翁の許に隠されていた。

久蔵は、押収した唐金の小さな観音像を市次郎の形見として念仏の宗平に与えた。

宗平は、唐金の小さな観音像を握り締めて頭を丸め、修行僧の宗念として江戸から旅立った。

此で良い……。

久蔵は、角樽《つのだる》を手にして向島の土手道を弥平次の隠居家に向かった。

微風は、隅田川から心地好く吹き抜けた。

この作品は「文春文庫」のために書き下ろされたものです。

文春文庫

凶《きよう》状《じよう》持《もち》

定価はカバーに
表示してあります

新《しん》・秋山《あきやま》久蔵《きゆうぞう》御用《ごよう》控《ひかえ》（十二）

2021年12月10日　第1刷

著　者　藤《ふじ》井《い》邦《くに》夫《お》
発行者　花田朋子
発行所　株式会社 文藝春秋

東京都千代田区紀尾井町 3-23　〒102-8008
TEL　03・3265・1211㈹
文藝春秋ホームページ　http://www.bunshun.co.jp
落丁、乱丁本は、お手数ですが小社製作部宛お送り下さい。送料小社負担でお取替致します。

印刷製本・大日本印刷

Printed in Japan
ISBN978-4-16-791799-9

双葉文庫

や-42-01

一八〇秒《ひゃくはちじゅうびょう》の熱量《ねつりよう》

2023年12月16日　第1刷発行

【著者】
山本草介《やまもとそうすけ》

【発行者】
箕浦克史
【発行所】
株式会社双葉社
〒162-8540 東京都新宿区東五軒町3番28号
［電話］03-5261-4818（営業部）　03-5261-4831（編集部）
www.futabasha.co.jp（双葉社の書籍・コミックが買えます）
【印刷所】
大日本印刷株式会社
【製本所】
大日本印刷株式会社
【カバー印刷】
株式会社久栄社
【DTP】
株式会社ビーワークス
【フォーマット・デザイン】
日下潤一



ISBN978-4-575-71500-2 C0195
Printed in Japan